Typenkompass

Deutsche Auszeichnungen

Orden und Ehrenzeichen
der Wehrmacht 1936–1945

Volker A. Behr

Einbandgestaltung: Sven Rauert

Bildnachweis:
Alle Bilder, so weit nicht anders vermerkt,
stammen aus dem Archiv des Autors

Eine Haftung des Autors oder des Verlags und seiner Beauftragten für
Personen-, Sach- und Vermögensschäden ist ausgeschlossen.

ISBN 978-3-613-03483-9

Copyright by Motorbuch Verlag, Postfach 103743, 70032 Stuttgart.
Ein Unternehmen der Paul Pietsch Verlage GmbH & Co. KG

2. Auflage 2015

Sie finden uns im Internet unter www.motorbuch-verlag.de

Nachdruck, auch einzelner Teile, ist verboten. Das Urheberrecht
und sämtliche weiteren Rechte sind dem Verlag vorbehalten.
Übersetzung, Speicherung, Vervielfältigung und Verbreitung
einschließlich Übernahme auf elektronische Datenträger wie
DVD, CD-ROM usw. sowie Einspeicherung in elektronische
Medien wie Internet usw. ist ohne vorherige Genehmigung des
Verlages unzulässig und strafbar.

Innengestaltung: Sven Rauert
Lektorat: Joachim Kuch
Druck und Bindung: Appel & Klinger Druck und Medien GmbH, 96277 Schneckenlohe
Printed in Germany

Inhalt

Einleitung 5

Kapitel 1:
Stiftungsdatum 1936-1939: Die Friedensjahre
16. März 1936	Dienstauszeichnungen der Wehrmacht	6
30. Jan. 1938	Dienstauszeichnung der Waffen-SS	11
01. Mai 1938	Ostmarkmedaille	13
18. Okt.1938	Sudetenlandmedaille	15
01. Mai 1939	Spange »Prager Burg«	18
10. März 1939	Eichenlaub zur Dienstauszeichnung der Wehrmacht	20
14. April 1939	Spanienkreuz	24
	Ehrenkreuz für Hinterbliebene deutscher Spanienkämpfer	22
	Spanienkreuz in Bronze	24
	Spanienkreuz in Silber	27
	Spanienkreuz in Gold	30
	Spanienkreuz in Gold mit Schwertern und Brillanten	32
01. Mai 1939	Medaille zur Erinnerung an die Heimkehr des Memellandes	34
22. Mai 1939	Verwundetenabzeichen für deutsche Freiwillige im spanischen Freiheitskampf	36
02. Aug. 1939	Westwallehrenzeichen	37

Kapitel 2:
Stiftungsdatum 1939: Kriegsbeginn und Polenfeldzug
01. Sept. 1939	Eisernes Kreuz 2. Klasse	39
	Spange 1939 zum EK 2. Klasse von 1914	41
	Eisernes Kreuz 1. Klasse	43
	Spange 1939 zum EK 1. Klasse von 1914	46
	Ritterkreuz des Eisernen Kreuzes	49
	Großkreuz des Eisernen Kreuzes	53
	Stern zum Großkreuz des Eisernen Kreuzes	56
01. Sept. 1939	Verwundetenabzeichen	57
18. Okt. 1939	Kriegsverdienstkreuz 2. Klasse	60
	Kriegsverdienstkreuz 1. Klasse	63

Kapitel 3:
Stiftungsdatum 1940: Die Blitzkriege
03. Juni 1940	Eichenlaub zum Ritterkreuz des Eisernen Kreuzes	66
19. Aug. 1940	Narvikschild	69
	Narvikschild (goldfarben)	69
	Narvikschild (silberfarben)	71
19. Aug. 1940	Ritterkreuz zum Kriegsverdienstkreuz	73
19. Aug. 1940	Kriegsverdienstmedaille	76

Inhalt

Kapitel 4:
Stiftungsdatum 1941: Feldzug in Russland
28. Sept. 1941 Eichenlaub mit Schwertern zum RK des EK 78
28. Sept. 1941 Eichenlaub mit Schwertern und Brillanten zum RK des EK 81
28. Sept. 1941 Deutsches Kreuz 84
                Deutsches Kreuz in Gold 84
                Deutsches Kreuz mit Brillanten 87
                Gesticktes Deutsches Kreuz in Gold 88
                Deutsches Kreuz in Silber 89

Kapitel 5:
Stiftungsdatum 1942: Sommeroffensive in Südrussland
9. März 1942 Panzervernichtungsabzeichen (Silber) 91
26. Mai 1942 Medaille Winterschlacht im Osten 92
01. Juli 1942 Cholmschild 95
14. Juli 1942 Verdienstauszeichnung für Angehörige der Ostvölker 97
25. Juli 1942 Krimschild 102
16. Okt. 1942 Ärmelband Kreta 104
23. Okt. 1942 Kraftfahrbewährungsabzeichen 106

Kapitel 6:
Stiftungsdatum 1943: Die Katastrophe von Stalingrad
01. Jan. 1943 Bandenkampfabzeichen 108
15. Jan. 1943 Ärmelband Afrika 110
25. April 1943 Demjanskschild 112
20. Sept. 1943 Kubanschild 114
18. Dez. 1943 Panzervernichtungsabzeichen 116

Kapitel 7:
Stiftungsdatum 1944: Rückzug an allen Fronten
08. Juli 1944 Goldenes Ritterkreuz des Kriegsverdienstkreuzes 117
02. Sept. 1944 Verwundetenabzeichen 20. Juli 1944 (Verleihungstag) 119
24. Okt. 1944 Ärmelband Metz 122
10. Dez. 1944 Warschauschild 123
29. Dez. 1944 Goldenes Eichenlaub mit Schwertern und Brillanten
                zum Ritterkreuz des EK 124

Kapitel 8:
Stiftungsdatum 1945: Die Kapitulation
12. Jan. 1945 Tiefffliegervernichtungsabzeichen 126
12. März 1945 Ärmelband Kurland 127

Einleitung

Wann, Warum, Wofür? Wenn uns die Auszeichnungen der Zeit von 1933 bis 1945 beschäftigen, sind diese Fragen zwangsläufig. In unseren Tagen der Medienvielfalt und der nicht endenden, intensiven Auseinandersetzung mit der Zeitgeschichte des »Dritten Reiches« sind die Orden und Ehrenzeichen der Nationalsozialisten sicherlich nur ein Randthema, doch für Redakteure bei den Medien, Autoren, Filmemacher und historisch Interessierte, ein wichtiges. Hier will und muss man zu den Fakten informiert sein. Das seinerzeit das Ritterkreuz als Halsdekoration getragen wird, gehört noch zum historischen Wissen, dass es sie bei verschiedenen Orden in reichlicher Abstufung gibt schon nicht mehr. Und wofür wird eigentlich die »Spange Prager Burg« verliehen? Da sind auch die Spezialisten überfragt.

Um den Überblick und einen ersten Einblick in das Thema geht es in diesem Typenkompass. Der Terminus »Type« assoziiert etwas technisches und die Frage, was haben tragbare Auszeichnungen mit Technik zu tun, ist nicht unberechtigt. Abgesehen von den Techniken der Herstellung von Ehrenzeichen in den Ordensfabriken, unterliegen eine Ordensstiftung und ihre Durchführung gewissen schematischen Abläufen und Daten, die auch in der Kürze einer Tabellenform zu fassen sind. Wie hier geschehen. Zusammen mit den farbigen Fotodarstellungen sind sie eine schnelle Orientierungshilfe, um dem Kompass gerecht zu werden.

Worauf hier verzichtet wird ist die detaillierte Beschreibung der Ordenszeichen mit Maßen, Gewicht, Herstellungsvarianten und Insiderwissen für Ordenssammler. Wer sich als Sammler entdecken will, der benötigt natürlich einen Typenkompass im wahren Sinn des Wortes. Wem das nicht reicht, der muss in die häufig englischsprachige, großvolumige Fachliteratur ab 100 € aufwärts pro Buch investieren.

Eine Hilfestellung sei noch gegeben durch die Kataloghinweise auf deutschsprachige Standardkataloge und weiterführende Literatur. Hier ist zuerst das umfassende Werk »Deutsche Orden und Ehrenzeichen« von Jörg Nimmergut zu nennen. Der Band IV, zitiert als »Nimmergut(Bd.4)«, geht im Detail auf das Thema ein. Der »Bewertungskatalog Deutschland« von Detlev Niemann in der 3. Auflage, zitiert als »Niemann(3)«, ist eine Hilfe für Sammler zur Preisbewertung. Der handliche Katalog »Deutsche Orden und Ehrenzeichen« von Nimmergut/Feder/Von der Heyde, zitiert als »DOE(8)«, bietet Preise und Überblick im Taschenkatalogformat.

Für die großzügige Überlassung von Fotomaterial bedanke ich mich bei: Kay Brüggemann, Harald Geißler, Hermann Historica, Norbert Kannapin†, Andreas Thies, Helmut Weitze, Kai Winkler und Privaten Sammlern.

Volker A. Behr

1936 –1939 · Die Friedensjahre

Dienstauszeichnung der Wehrmacht

»Am ersten Jahrestag der Wiedereinführung der allgemeinen Wehrpflicht stifte ich die Dienstauszeichnung als Anerkennung treuer Dienste in der neuen Wehrmacht« Mit diesem Satz beginnt die Stiftungsverordnung des Führers und Reichskanzlers Adolf Hitler. Dienstauszeichnungen haben eine lange Tradition im deutschen Militärwesen. In Preußen wird sie seit 1825 für 9-, 15- und 21-jährige Dienstzeit an Unteroffiziere und Mannschaften verliehen. Offiziere erhalten für 25 Jahre ein goldenes Kreuz am kornblumenblauen Band.

Bei der Dienstauszeichnung für die Wehrmacht gibt es keine Rangunterschiede. Vom Schützen bis zum Generalfeldmarschall werden allein die ehrenvollen Dienstjahre mit 4, 12, 18 und 25 Jahren gezählt und klassifiziert. Ganz neu ist die aufgesteckte Metallauflage des Wehrmachts- beziehungsweise Luftwaffenadlers auf der Banddekoration; übrigens immer in der Metallfarbe der dazu gehörenden Medaille oder des entsprechenden Kreuzes. Ab Sommer 1940 wird die Verleihung der Dienstauszeichnung »bis Kriegsende« zurückgestellt.

Bezeichnung	Dienstauszeichnung
Auszeichnungstyp	Ehrenzeichen mit vier Klassen
Datum der Verordnung	16.03.1936
Stifter	Adolf Hitler als Führer und Reichskanzler (Staatsoberhaupt)
Veröffentlichung	RGBl. I vom 16.03.1936, Nr.32, S.165-169
Verleihungsbefugnis	im Auftrag des Führers und Reichskanzlers die 4. Klasse: (4 Jahre) Divisionskommandeur oder entsprechende Dienststellung, 3. Klasse (12 Jahre): Kommandierender General oder entsprechende Dienststellung, 2. Klasse (18 Jahre): Oberbefehlshaber der Wehrmachtteile, , 1. Klasse (25 Jahre): Reichskriegsminister, später Oberbefehlshaber der Wehrmachtteile
Leistung für die Verleihung	anrechnungsfähige, aktive Dienstjahre in der alten Wehrmacht (Kaiserreich), bei anerkannten Freiwilligenverbänden (Freikorps) sowie bei der vorläufigen Reichswehr und ab 1921 bei der Reichswehr bzw. Reichsmarine, in rückwirkender Anrechnung
Verleihungsvoraussetzung	am 16.März 1935 oder später im aktiven Dienst der Wehrmacht stehend
Anzahl der Verleihungen	unbekannt da Massenauszeichnung
Künstlerischer Entwurf	Professor Richard Klein, München
Form und Tragweise	bronzierte, versilberte oder vergoldete Medaillen bzw. achteckige Kreuze mit rundem Mittelschild aus Eisen, am kornblumenblauen Band nur an der Großen oder Kleinen Ordensschnalle mit aufgesteckten Hoheitszeichen auf dem Band in der Farbe der Medaille oder des Kreuzes. Tragweise von zwei verliehenen Klassen gleichzeitig: 3.Klasse mit 4.Klasse, 2.Klasse mit 4.Klasse oder 1.Klasse mit 3.Klasse
Besitznachweis	Besitzzeugnis
Verpackungsmittel	Cellophan- oder Papierbeutel
Katalognummern	Nimmergut(Bd.4): 5164 - 5173, DOE(8): 468 - 476, Niemann(3): 7.04.22 - 7.04.25

Dienstauszeichnung der Wehrmacht der IV.Klasse für vier Jahre. Die Medaillen der IV. und III. Klasse kosten in der Zeit vor dem Zweiten Weltkrieg im Ordenshandel 90 Pfennige. Ausgezeichnete müssen sich ihre Dienstauszeichnung mit Vorlage der Verleihungsurkunde selbst kaufen. (Foto: Kai Winkler)

Etwas Neues sind die Auflagen der Hoheitszeichen auf dem Band der Dienstauszeichnungen. Sie haben jeweils die Metallfarbe der entsprechenden Medaillen oder Kreuze, also Silber oder Gold. (Foto: Kai Winkler)

Kleiner Überblick möglicher Tragarten. Hier am Beispiel der III. Klasse zusammen mit der IV. Klasse. Nach der Verleihung einer höheren Klasse darf eine Auszeichnung der niedrigeren Klasse weitergetragen werden und zwar farbengleich. Also zwei silberne oder zwei goldene Auszeichnungen nebeneinander. Nur unser Beispiel ist die Ausnahme: Große Ordensschnalle (oben) mit der höheren Klasse, heraldisch gesehen, immer von rechts nach links. Kleine Ordensschnalle (Mitte links) auf 15 mm breiten Bandstücken. Die Dekoration für die Tragweise an der Uniform erfolgt vom Ordenshandel auf sogenannten Feldordensblechen mit rückseitiger Anstecknadel. Hier sind auch Bandbreiten von 30 oder 25 mm erlaubt. Ordensknopf mit Bandschleife für den Zivilanzug (Mitte rechts). Miniaturanhänger für die Dekoration am zivilen Frack (unten links). Die Ordensbanddekoration in Glasemaille (unten rechts) für den zivilen Anzug gibt es als Knopf oder zum Anstecken wie hier zu sehen. (Foto: Hermann Historica)

Kombination der III. und IV. Klasse als Kleine Ordensschalle auf einem 30 mm breiten, kornblumenblauen Bandstück. Diese Breite ist für das Originalband vorgesehen. Hier für einen Angehörigen der Luftwaffe. (Foto: Kai Winkler)

Bei seiner Übernahme in die Luftwaffe stellt Oberst Ernst Udet einen Antrag auf Verleihung der Dienstauszeichnung IV. Klasse, die er am 4. Oktober 1936 verliehen bekommt. (Foto: Bundesarchiv)

Bereits am 2. Oktober unterschreibt Oberst Udet, als Chef des Technischen Amtes im RLM und Verleihungsbefugter, die Urkunde der Dienstauszeichnung IV. Klasse für seinen Adjutanten Hauptmann Pendele. (Foto: Andreas Thies)

Versilbertes achteckiges Kreuz mit Wehrmachtsadler auf dem Mittelschild. Dienstauszeichnung der II. Klasse. Sie kostet im Ordenshandel von 1939, ohne Konfektionierung mit Band und Hoheitsadler, 2,80 Reichsmark. (Foto: Archiv Volker A. Behr)

Bronzierte Medaille der Dienstauszeichnung III. Klasse für 12-jährige Dienstzeit für die Große Ordensschnalle.
(Foto: Kai Winkler)

Bei vorgeschriebenem Wortlaut sind der typographischen Ausgestaltung der Urkunden keine Grenze gesetzt. Heer, Luftwaffe und Kriegsmarine unterscheiden sich erheblich voneinander. Hier eine Heeresurkunde für die III. Klasse.
(Foto: Kay Brüggemann)

Bei entsprechender Dienstzeit werden alle Klassen der Dienstauszeichnung mit einer Urkunde verliehen. Hier eine Beispiel der Kriegsmarine vom 2. Oktober 1936 für die Klassen II bis IV. (Foto: Helmut Weitze)

Für 25 Jahre Dienstzeit kann der Ausgezeichnete, entsprechend der preußischen Tradition, ein achteckiges, vergoldetes Kreuz aus Eisen am blauen Bande, für 3,80 Reichsmark im Ordenshandel erwerben.
(Foto: Archiv Volker A. Behr)

Letzte Form der Verleihungsurkunde für einen Angehörigen der Luftwaffe. Ab Sommer 1940 werden die Verleihungen von Dienstauszeichnungen bis Kriegsende ausgesetzt.
(Foto: Kay Brüggemann)

Erste Urkundenform einer Komplettverleihung der I. bis IV. Klasse durch den Reichskriegsminister und Oberbefehlshaber der Wehrmacht Generalfeldmarschall von Blomberg mit Ausfertigungsdatum vom 1. Dezember 1936.
(Foto: Archiv Volker A. Behr)

Dienstauszeichnung der Waffen-SS

»Aus Anlass der fünften Wiederkehr des Jahrestages der nationalen Erhebung stifte ich als Anerkennung für treue Dienste in den SS-Verfügungstruppen, SS-Totenkopfverbänden und SS-Junkerschulen die SS-Dienstauszeichnung...« Hitler meint hier das Datum seiner Machtübertragung von 1933. Aus den SS-Verfügungstruppen entsteht ab 1940 die Waffen-SS. In den SS-Totenkopfverbänden sammeln sich die Schergen der Konzentrationslager und an den SS-Junkerschulen wird die vermeintliche Elite des Dritten Reiches ausgebildet. Die Würdigkeit zur Verleihung der Dienstauszeichnung ist für die »alten Kämpfer der Bewegung« so eine Sache für sich und wird in den Durchführungsbestimmungen besonders geregelt: »Die Tatsache einer strafgerichtlichen Verurteilung schließt die Verleihung der SS-Dienstauszeichnung dann nicht ohne weiteres aus, wenn die Straftat nicht besonders schwer und nicht Ausfluss einer ehrlosen Gesinnung gewesen ist, oder wenn sie bereits längere Zeit zurückliegt und der Verurteilte sich seither einwandfrei geführt hat.« Frei nach dem Grundsatz: was kriminell ist bestimmen wir und nicht der Mann mit seiner Tat!

Bezeichnung	SS-Dienstauszeichnung
Auszeichnungstyp	Ehrenzeichen mit vier Stufen
Datum der Verordnung	30.01.1938
Stifter	Adolf Hitler als Führer und Reichskanzler
Veröffentlichung	RGBl. I vom 30.01.1938, Nr.8, S.66 - 70
Verleihungsbefugnis	Adolf Hitler »Verleihungen behalte ich mir vor«. Vorschlagsberechtigt ist allein der Reichsführer-SS und Chef der Deutschen Polizei in vierteljährlicher Folge
Leistung für die Verleihung	anrechnungsfähige Dienstjahre in der Wehrmacht, Landespolizei und anerkannten Freiwilligenverbänden (Freikorps), sowie für SS-Führer »Dienstzeit in der Bewegung«: 4. Stufe: beim Ausscheiden von Unterführern und Männern nach 4jähriger Dienstzeit. 3. Stufe: Führer, Unterführer und Männer nach 8jähriger Dienstleistung. 2. Stufe: Führer, Unterführer und Männer nach 12jähriger Dienstleistung. 1.Stufe: Führer, Unterführer und Männer nach 25jähriger Dienstleistung.
Verleihungsvoraussetzung	treue und untadelige Dienstzeit von SS-Angehörigen in den SS-Verfügungstruppen, SS-Totenkopfverbänden und SS-Junkerschulen
Anzahl der Verleihungen	unbekannt
Künstlerischer Entwurf	Prof. Karl Diebitsch, München
Form und Tragweise	Medaillen und Hakenkreuze aus Buntmetall am kornblumenblauen Band, bei der 1. und 2. Stufe mit gestickten Sigrunen (SS-Runen). Mit Band im Knopfloch an der linken Brustseite. An der Großen Ordensschnalle und Kleinen Ordensschnalle allein die höchste Stufe. In der Reihenfolge wie staatliche Dienstauszeichnungen.
Besitznachweis	von Hitler unterzeichnete Urkunde bzw. ausgestellte Verleihungsbescheinigung durch die Präsidialkanzlei des Führers
Verpackungsmittel	Volletui
Katalognummern	Nimmergut(Bd.4): 5174-5178, DOE(8): 477-480, Niemann(3): 6.03.05

4. Stufe der SS-Dienstauszeichnung als schwarzgetönte Medaille aus Buntmetall. Nach der Satzung soll die 4. Stufe als »eiserne, golden bronzierte Medaille« zur Verleihung kommen. Um Verwechslungen mit anderen Dienstauszeichnungen zu vermeiden wird in einer Satzungsänderung vom 21.10.1938 die schwarze Medaille verfügt. (Foto: Hermann Historica)

Einzige Auszeichnung des Dritten Reiches in der Form eines Hakenkreuzes. Hier die versilberte 2. Stufe der SS-Dienstauszeichnung deren Verleihung, wie auch die aller Stufen des Ehrenzeichens, ab 1941 für die Dauer des Krieges ausgesetzt wird. (Foto: Archiv Volker A. Behr)

Die 3. Stufe für 8jährige Dienstzeit ist ursprünglich als versilberte Medaille vorgesehen. Nach der Satzungsänderung bekommt sie eine dunkelbraune bis goldfarbene Tönung und wird aus Buntmetall geprägt und gestanzt. (Foto: Hermann Historica)

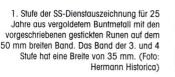

1. Stufe der SS-Dienstauszeichnung für 25 Jahre aus vergoldetem Buntmetall mit den vorgeschriebenen gestickten Runen auf dem 50 mm breiten Band. Das Band der 3. und 4. Stufe hat eine Breite von 35 mm. (Foto: Hermann Historica)

Ostmarkmedaille

Millionen Deutsche und Österreicher hören Hitlers Worte, die am 15.März 1938 über den Wiener Heldenplatz hallen: »Ich kann somit in dieser Stunde dem Deutschen Volk die größte Vollzugsmeldung meines Lebens abstatten. Als Führer und Kanzler der deutschen Nation und des Reiches melde ich vor der Geschichte nunmehr den Eintritt meiner Heimat in das Deutsche Reich…« Grund genug, eine Erinnerungsmedaille zu stiften, die nach der Beschreibung in der ersten Fassung der Stiftungssatzung gar nicht verliehen wird. »Die Medaille zur Erinnerung an den 13. März 1938 ist bronzen getönt und zeigt auf der Vorderseite den Kopf des Führers mit der Umschrift: Ein Volk, ein Reich, ein Führer. Auf der Rückseite befindet sich das Hoheitszeichen des Reiches mit dem Datum vom 13. März 1938« Erst nach Änderung der Satzung, vier Monate später, wird das Motiv von Richard Klein für das Plakat zum Reichsparteitag 1938 in Nürnberg, als Medaillenrelief umgesetzt. Zukünftig zieren zwei Männer ein Sockel mit Hoheitsadler und eine wehende Fahne die Vorderseite der »Blumenfeldzugsmedaillen«.

Zweite Form der Medaille zum Anschluss Österreichs an das Deutsche Reich. Die erste satzungsgemäße Form mit Hitlers Profil auf der Vorderseite wird von ihm selbst verworfen. So will der Führer nicht präsent sein.
(Foto: Archiv Volker A. Behr)

Bezeichnung	Medaille zur Erinnerung an den 13. März 1938
Auszeichnungstyp	Ehrenzeichen
Datum der Verordnung	01.05.1938
Stifter	Adolf Hitler als Führer und Reichskanzler
Veröffentlichung	RGBl. I vom 01.05.1938, Nr.68, S.431-432. Satzungsänderung: RGBl. I vom 27.08.1938, Nr.134, S. 1062
Verleihungsbefugnis	Reichsminister des Innern, für Angehörige der Wehrmacht der Chef des Oberkommandos der Wehrmacht
Leistung für die Verleihung	besondere Verdienste um die Vorbereitung zur Wiedervereinigung, oder Erlangung der Deutschen Staatsangehörigkeit durch die Wiedervereinigung (gilt für Österreicher), oder Einsatz bis zum 10. April 1938 innerhalb des Landes Österreich (Wehrmacht, Polizei und NSDAP-Gliederungen)
Anzahl der Verleihungen	318 689 bis 12.04.1940 (Verleihungsschluss)
Künstlerischer Entwurf	Professor Richard Klein, München
Form und Tragweise	runde matt versilberte Medaille aus Buntmetall am roten, weiß-schwarz-weiß gesäumtem Band, an der Uniform nur als Banddekoration an der Großen Ordensschnalle oder als Kleine Ordensschnalle über der oberen, linken Uniformbrusttasche
Besitznachweis	Besitzzeugnis
Verpackungsmittel	Volletui
Katalognummern	Nimmergut(Bd.4): 4696-4698, DOE(8): 57, Niemann(3): 6.02.26

Beispiel einer Besitzurkunde, wie sie zigtausendfach von der Präsidialkanzlei mit der faksimilierten Unterschrift ihres Chefs ausgefertigt wird.
(Foto: Hermann Historica)

Die Österreichmedaille gehört zu den Massenauszeichnungen des Dritten Reiches, die noch in einem Volletui verliehen und vom Ordenshandel verkauft werden. Das ändert sich bei den nächsten »Blumenfeldzugsmedaillen«.
(Foto: Helmut Weitze)

Sudetenlandmedaille

Nach Vorlage und Genehmigung der gesammelten Verleihungsvorschläge bei Hitler durch Staatsminister Dr. Hans-Otto Meißner, den Chef der Präsidialkanzlei des Führers und Reichskanzlers, erfolgt für den Bereich des Reichsministers des Innern die Ausfertigung der Besitzzeugnisse durch die Präsidialkanzlei. Die Wehrmachtsteile organisieren nach der Verleihungsgenehmigung die Ausfertigungen der Besitzzeugnisse in eigener Regie bis hinunter auf Korpsebene. So entsteht eine Vielzahl optisch und typographisch unterschiedlich ausgestatteter Urkunden. Neben denjenigen im Format DIN A4 hoch wie die Besitzzeugnisse der Präsidialkanzlei sind es bei der Wehrmacht vor allem Urkundenformate DIN A5 quer, die zusammen mit dem Ehrenzeichen überreicht werden.

Passend zum 32-mm-Medaillendurchmesser ist das 30 mm breite Band in den Flaggenfarben des Sudetenlandes gehalten: roter Streifen auf schwarzem Grund.
(Foto: Archiv Volker A. Behr)

Bezeichnung	Medaille zur Erinnerung an den 1. Oktober 1938
Auszeichnungstyp	Ehrenzeichen
Datum der Verordnung	18.10.1938
Stifter	Adolf Hitler als Führer und Reichskanzler
Veröffentlichung	RGBl. I vom 01.11.1938, Nr.179, S.1527-1528
Verleihungsbefugnis	Reichsminister des Innern, für Angehörige der Wehrmacht der Chef des Oberkommandos der Wehrmacht
Leistung für die Verleihung	Verdienste um die Wiedervereinigung der sudetendeutschen Gebiete mit dem Deutschen Reich
Anzahl der Verleihungen	1.162.617 bis 01.04.1941 (Verleihungsschluss)
Künstlerischer Entwurf	Professor Richard Klein, München
Form und Tragweise	runde bronzierte Medaille aus Buntmetall am schwarzen einmal rot gestreiften, weiß gesäumtem Band, an der Uniform nur als Banddekoration an der Großen Ordensschnalle oder als Kleine Ordensschnalle über der oberen, linken Uniformbrusttasche
Besitznachweis	Besitzzeugnis
Verpackungsmittel	Volletui später Papierbeutel
Katalognummern	Nimmergut(Bd.4): 4699, DOE(8): 58, Niemann(3): 6.02.27

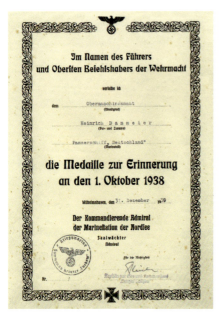
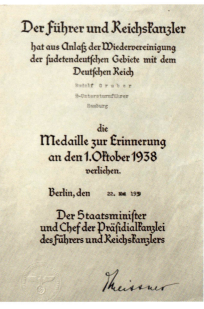

»Im Namen des Führers und Obersten Befehlshabers der Wehrmacht«. Vordruck der Kriegsmarine für die Marinestation der Nordsee. Besitzzeugnis im Format DIN A4 (Foto: Helmut Weitze).

Besitzzeugnis in der Ausfertigung durch die Präsidialkanzlei für den Verleihungsbereich des Reichsministers des Innern im Format DIN A4. (Foto: Hermann Historica)

Mit gesprengter Kette wird das symbolisierte Sudetenland von einem Fahnenträger auf den Sockel des Reiches gezogen. Interpretation des »Heimholen ins Reich« durch den Entwurfskünstler Richard Klein. So verwendet auf den Vorderseiten der drei Erinnerungsmedaillen.
(Foto: Volker A. Behr)

Zwei optisch sehr unterschiedliche Besitzzeugnisse der Luftwaffe im A5-Querformat. Bei der Wehrmacht muss die Richtigkeit der Ausfertigung immer bestätigt sein.
(Foto: Kay Brüggemann)

Spange »Prager Burg«

Nach dem Einmarsch der Wehrmacht in das Sudetenland, für den die »Medaille zur Erinnerung an den 1. Oktober 1938« verliehen wird, erfolgt die Ausrufung des Protektorats Böhmen und Mähren mit Prag als zukünftiger Verwaltungshauptstadt. Alle Personen, die nach dem Einmarsch an der Errichtung des Protektorats mitwirken – seien es Wehrmachtsangehörige, Beamte staatlicher Behörden oder Mitglieder der politischen Gliederungen der NSDAP – bekommen zu ihrer Medaille zusätzlich die Spange verliehen. Eine alleinige Verleihung der Spange »Prager Burg« gibt es nicht.

Einzeldekoration als Große Ordensschnalle mit aufgesteckter Spange »Prager Burg«.
(Foto: Archiv Volker A Behr)

An der Kleinen Ordensschnalle mit 15 mm breiten Bändern wird eine miniaturisierte Spangenauflage verwendet.
(Foto: Archiv Volker A Behr)

Bezeichnung	Spange zur Medaille zur Erinnerung an den 1. Oktober 1938
Auszeichnungstyp	Ehrenzeichen
Datum der Verordnung	01.05.1939
Stifter	Adolf Hitler als Führer und Reichskanzler
Veröffentlichung	RGBl. I vom 04.05.1939, Nr.84, S.861-862
Verleihungsbefugnis	Reichsminister des Innern, für Angehörige der Wehrmacht der Chef des Oberkommandos der Wehrmacht
Leistung für die Verleihung	Verdienste anlässlich der Schaffung des Protektorats Böhmen und Mähren
Verleihungsvoraussetzung	Medaille zur Erinnerung an den 1. Oktober 1938
Anzahl der Verleihungen	134.563 bis 01.04.1941 (Verleihungsschluss)
Künstlerischer Entwurf	Bildhauer Hanisch-Concée, Berlin
Form und Tragweise	rechteckige Metallspange mit Splinten auf dem schwarzen einmal rot gestreiften, weiß gesäumtem Band, an der Uniform nur als Banddekoration an der Großen Ordensschnalle oder als Kleine Ordensschnalle über der oberen, linken Uniformbrusttasche
Besitznachweis	Besitzzeugnis
Verpackungsmittel	Kartonschachtel später Papierbeutel
Katalognummern	Nimmergut(Bd.4): 4700, DOE(8): 59, Niemann(3): 6.02.27

In erster Linie wird die Spange »Prager Burg« zusammen mit der »Sudetenlandmedaille« verliehen. Hier zwei Besitzzeugnisse, jeweils für einen Angehörigen des Heeres und der Luftwaffe. (Foto: Archiv Volker A. Behr)

Für die Spange »Prager Burg« aus bronzefarbenem Buntmetall in den Abmessungen 31 x 11 mm sind mehrere Hersteller nachweisbar, die sich in der Umsetzung des Reliefs der Prager Burg unterscheiden. (Foto: Andreas Thies)

Eichenlaub zur Dienstauszeichnung

Nach der Stiftung von Dienstauszeichnungen der Wehrmacht 1936 zeigt sich schnell, dass mit allen gewährten Anrechnungsmöglichkeiten von Dienstjahren einige Soldaten weit mehr als nur 25 Jahre für die 1. Klasse zusammenrechnen können. Sie werden zukünftig, zumindest bis zur Aussetzung der Verleihungen während der Kriegszeit, mit einem goldenen Eichenlaub zu ihrer 1. Klasse geehrt. Wie häufig in der Symbolik des deutschen Militärs sind die stilisierten Blätter des Eichenbaumes Ausdruck von Standhaftigkeit und zäher Härte, genau die richtigen Symbole für Beständigkeit, was besonders für die Ehrung 40jähriger Dienstzeit gillt.

Vergoldetes Eichenlaub für die Dienstauszeichnung der Wehrmacht 1. Klasse. Es wird mit zwei rückseitigen Splinten auf dem 30 mm breiten kornblumenblauen Band festgesteckt. (Foto: Hermann Historica)

Bezeichnung	Eichenlaub zur Dienstauszeichnung 1. Klasse
Auszeichnungstyp	Ehrenzeichen
Datum der Verordnung	10.03.1939
Stifter	Adolf Hitler als Führer und Reichskanzler
Veröffentlichung	RGBl. I vom 05.04.1939, Nr.65, S.705-706
Verleihungsbefugnis	im Auftrag des Führers und Reichskanzlers die Oberbefehlshaber der Wehrmachtteile
Leistung für die Verleihung	40 anrechnungsfähige, aktive Dienstjahre in der alten Wehrmacht (Kaiserreich), bei anerkannten Freiwilligenverbänden (Freikorps) sowie bei der vorläufigen Reichswehr und ab 1921 bei der Reichswehr bzw. Reichsmarine, in rückwirkender Anrechnung
Verleihungsvoraussetzung	am 16.März 1935 oder später im aktiven Dienst der Wehrmacht stehend
Anzahl der Verleihungen	unbekannt
Künstlerischer Entwurf	Bildhauer Hanisch-Concée, Berlin
Form und Tragweise	vergoldetes Eichenlaub, angesteckt auf dem kornblumenblauen Band der Dekoration 1. Klasse, unterhalb des goldenen Hoheitszeichens, an der Großen oder Kleinen Ordensschnalle
Besitznachweis	Besitzzeugnis
Katalognummern	Nimmergut(Bd.4): 5163, DOE(8): 467, Niemann(3): 7.04.21

Hier das Besitzzeugnis einer sehr späten Verleihung des Eichenlaubs vom September 1941. Eigentlich sind die Verleihungen für die Dienstauszeichnungen der Wehrmacht für die Kriegszeit bereits ausgesetzt.
(Foto Archiv Volker A. Behr)

Alle drei Elemente der Dienstauszeichnung für 40 Jahre gehören zusammen. Das goldene Kreuz für 25 Jahre (Rückseite), das goldene Eichenlaub für die Differenz bis 40 Jahre und der goldene Hoheitsadler.
(Foto Archiv Volker A. Behr)

Ehrenkreuz für Hinterbliebene

»Zur Erinnerung an die heldenhaften Leistungen bei Niederwerfung des Bolschewismus im spanischen Freiheitskampfe stifte ich ein Ehrenkreuz für die Hinterbliebenen deutscher Spanienkämpfer«, so Hitlers einziger Satz in seiner Stiftungsverordnung vom April 1939. Ende Dezember werden von der Versorgungsabteilung beim OKW die Daten der Berechtigten angefordert, um alle Urkunden mit Datum vom 17. Januar 1940 auszufertigen. Im März 1940 erhalten die Angehörigen ein Ehrenzeichen per Einschreiben und die DIN A4 große Urkunde per Post zugeschickt. Zum Tragen berechtigt sind die Angehörigen in folgender Reihenfolge: a) die Witwe, b) der älteste volljährige Sohn, danach die Tochter, c) der Vater und danach die Mutter und schließlich, d) der Bruder und danach die Schwester.

Vorderseite des Ehrenkreuzes für Hinterbliebene.
(Foto: Archiv Volker A. Behr)

Bezeichnung	Ehrenkreuz für die Hinterbliebenen deutscher Spanienkämpfer
Auszeichnungstyp	Ehrenzeichen
Datum der Verordnung	14. April 1939
Stifter	»Im Namen des Deutschen Volkes« Adolf Hitler als Führer und Reichskanzler
Veröffentlichung	RGBl. I vom 10.08.1939, Nr.139, S.1362-1363
Verleihungsbefugnis	nach Antrag auf Verleihung des Ehrenkreuzes beim Oberkommando der Wehrmacht werden Vorschläge vom Chef des Oberkommandos der Wehrmacht ausgestellt und durch den Staatsminister und Chef der Präsidialkanzlei des Führers und Reichskanzlers zur Genehmigung beim Führer vorgelegt.
Verleihungsvoraussetzung	nächster Angehöriger deutscher Freiwilliger, die gefallen, in Gefangenschaft verstorben, verschollen, tödlich verunglückt, an den Folgen von Verwundungen, Unglücksfällen sowie durch den besonderen Einsatz bedingt und als Kriegs-Dienstbeschädigung anerkannten Krankheiten verstorben sind.
Anzahl der Verleihungen	315
Form und Tragweise	Pfeilspitzenkreuz mit Hakenkreuzmedaillon sowie Luftwaffenadler in den Winkeln, an der großen Ordensschnalle mit schwarzem, weiß-rot-gelbrot eingefasstem Band, oder als Feldspange, oder das Band als Damenschleife ohne Ehrenzeichen auf der linken Brustseite.
Besitznachweis	Urkunde
Verpackungsmittel	Volletui
Katalognummern	Nimmergut(Bd.4): 4986-4987, DOE(8): 381, Niemann(3): 7.02.07

Zum Tragen des Ehrenkreuzes berechtigte männliche Angehörige tragen es als große Ordensspange auf der linken Brustseite. Frauen als Angehörige stecken sich eine Damenschleife aus dem Band des Ehrenkreuzes an. (Foto: Harald Geißler)

Oben: Vorder- und Rückseite des Ehrenkreuzes für die Hinterbliebenen deutscher Spanienkämpfer ohne jede Herstellerkennzeichen. (Fotos: HYPERLINK „http://www.hermann-historica.com"www.hermann-historica.com)

Rechts: Verleihungsurkunde für die Eltern von Feldwebel Heinrich Mittelstorb. Er kommt als Angehöriger der Imker-Verbände bei einem Kraftfahrzeug Unfall bei Castil de Peones, etwa 31 km von Burgos entfernt, am 7. April 1939 ums Leben. (Foto: www.hermann-historica.com)

Spanienkreuz in Bronze

»Zum sichtbaren Ausdruck seiner Anerkennung und seines Dankes für die Verdienste deutscher Freiwilliger an der Niederwerfung des Bolschewismus im spanischen Freiheitskampf hat der Führer durch Verordnung vom 14. April 1939 das Spanien-Kreuz gestiftet«. Still und heimlich reist das erste Kontingent der »Legion Condor« während der olympischen Spiele 1936 von Berlin nach Spanien. Im besonders brutal geführten Spanischen Bürgerkrieg werden in den nächsten drei Jahren über 20 000 deutsche Freiwillige auf der Seite des Generals Franco eingesetzt. Es sind in erster Linie Spezialisten mit Hauptanteil von der Luftwaffe, die im halbjährigen Turnus abgewechselt werden. Jeweils um die 7 000 Mann kämpfen im Millionenheer der Nationalisten Francos gegen die Republikaner mit ausschlaggebender Effizienz. Ihre modernen Waffen, vor allem die Flugzeuge, verhelfen Franco zum Sieg.

Bei diesem Exemplar des Spanienkreuzes in Bronze sind die Luftwaffenadler mit den Enden der Schwingen in die Zwischenräume der Kreuzarme gelötet. Grundsätzliche Herstellungsvarianten sind mitgeprägte und -gestanzte Adler oder eingelötete Adler.
(Foto: Archiv Volker A. Behr)

Bezeichnung	Spanienkreuz 3. Klasse in Bronze (mit oder ohne Schwerter)
Auszeichnungstyp	Orden mit drei Klassen und einer Sonderklasse
Datum der Verordnung	14. April 1939
Stifter	»Im Namen des Deutschen Volkes« Adolf Hitler als Führer und Reichskanzler
Veröffentlichung	RGBl. I vom 10.08.1939, Nr.139, S.1359-1361
Verleihungsbefugnis	Vorschläge für Angehörige der Wehrmacht über den Chef des Oberkommandos der Wehrmacht. Gesammelte Vorlage bei Hitler durch den Chef der Präsidialkanzlei, Staatsminister Otto Meißner. Genehmigung durch Hitler
Leistung für die Verleihung	als Anerkennung für seine Leistungen im Spanischen Freiheitskampf
Verleihungsvoraussetzung	Angehöriger der in Spanien kämpfenden Truppenteile der »Legion Condor«
Anzahl der Verleihungen	mit Schwertern: 8 462, ohne Schwerter: 7 869
Form und Tragweise	Pfeilspitzenkreuz mit Hakenkreuzmedaillon sowie Luftwaffenadler in den Winkeln und fallweise zwei unterlegte, gekreuzte Schwerter, Steckkreuz aus bronziertem Buntmetall auf der Mitte der rechten Brustseite unter dem Blutorden
Besitznachweis	Besitzurkunde
Verpackungsmittel	Volletui
Katalognummern	Nimmergut(Bd.4): 4974-4977, 4984-4985 DOE(8): 379-380, Niemann(3): 7.02.05-7.02.06

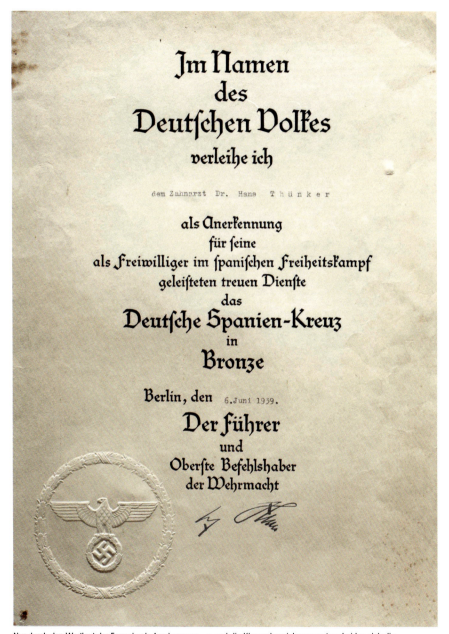

Nur durch den Wortlaut der Formel »als Anerkennung…« und die Klassenbezeichnung unterscheiden sich die Besitzurkunden aller Spanienkreuze voneinander. Sie haben ein Papierformat von 254 x 354 mm, sind am 6. Juni 1939 ausgefertigt und mit der Blindprägung des Großen Reichssiegels sowie der faksimilierten Hitlerunterschrift versehen. (Foto: Hermann Historica)

Die erste Auszeichnung des Dritten Reiches für Verdienste in einer kriegerischen Auseinandersetzung ist in der Produktion variantenreich. Jede Ordensfabrik will dabei sein. Hier ein Spanienkreuz in Bronze in einem Stück, aus Buntmetallblech geprägt, gestanzt und veredelt sowie mit Nadel, Scharnier und Haken ausgestattet. (Foto: Hermann Historica)

Auch die Kriegsmarine ist am Einsatz in Spanien beteiligt. In der Satzung des Spanienkreuzes heißt es dazu: »Das Spanienkreuz mit Schwertern kann verliehen werden an die Besatzungen der an folgenden Kampfhandlungen in spanischen Gewässern beteiligten Schiffe der deutschen Kriegsmarine a) Fliegerangriff auf Ibiza b) Beschießung von Almeria c) Bombenangriff auf Palma...« (Foto: Archiv Volker A. Behr)

Spanienkreuz in Bronze mit Schwertern. (Foto: Archiv Volker A. Behr)

> Im Namen
> des
> Deutschen Volkes
> verleihe ich
> dem
> Bootsmannsmaten
> Wilhelm Erbar
> als Anerkennung
> für seine Leistungen
> im spanischen Freiheitskampf
> das
> Deutsche Spanien-Kreuz
> in
> Bronze mit Schwertern
> Berlin, den 6. Juni 1939
> Der Führer
> und
> Oberste Befehlshaber
> der Wehrmacht

Spanienkreuz in Silber

In der Satzung zum Spanienkreuz wird die Verleihungsvoraussetzung näher umschrieben: »…2. Das Spanienkreuz mit Schwertern wird an Freiwillige der Legion Condor verliehen…3. Das Spanienkreuz in Silber oder Bronze ohne Schwerter kann verliehen werden an 1. Kurierflieger, 2. Wehrmachtangehörige, die sich im dienstlichen Auftrag in Spanien bei der Legion Condor oder auf Schiffen der Kriegsmarine mindestens drei Monate in spanischen Gewässern aufgehalten haben, 3. Deutsche Zivil-Freiwillige der Legion Condor und der mit ihr im gleichen Auftrag tätigen amtlichen deutschen Stellen…« Da das Hauptkontingent der Legion von der Luftwaffe gestellt wird, ist sie auch federführend im Gesamtablauf der ersten deutschen Kriegsauszeichnung nach dem Ersten Weltkrieg – von der Gestaltung des Ordenszeichens bis hin zur Abwicklung der Verleihungen. So finden sich reichlich Luftwaffenadler und Hoheitszeichen des jüngsten Wehrmachtteiles als formendes Gestaltungselement des Spanienkreuzes auf dem Ordenskleinod.

Sehr schönes, matt versilbertes und poliertes Spanienkreuz in Silber mit Schwertern. Poliert sind die Kreuzränder und die Hakenkreuze der Luftwaffenadler sowie das des Medaillons. (Foto: Hermann Historica)

Bezeichnung	Spanienkreuz 2.Klasse in Silber (mit oder ohne Schwerter)
Auszeichnungstyp	Orden mit drei Klassen und einer Sonderklasse
Datum der Verordnung	14. April 1939
Stifter	»Im Namen des Deutschen Volkes« Adolf Hitler als Führer und Reichskanzler
Veröffentlichung	RGBl. I vom 10.08.1939, Nr.139, S.1359-1361
Verleihungsbefugnis	Vorschläge für Angehörige der Wehrmacht über den Chef des Oberkommandos der Wehrmacht. Gesammelte Vorlage bei Hitler durch den Chef der Präsidialkanzlei, Staatsminister Otto Meißner. Genehmigung durch Hitler
Leistung für die Verleihung	mit Schwertern: als Anerkennung für seine Leistungen als Freiwilliger im Spanischen Freiheitskampf, ohne Schwerter: als Anerkennung für seine Leistungen im Spanischen Freiheitskampf
Verleihungsvoraussetzung	Angehöriger der in Spanien kämpfenden Truppenteile der »Legion Condor«
Anzahl der Verleihungen	mit Schwertern: 8 304, ohne Schwerter: 327
Künstlerischer Entwurf	Professor Richard Klein, München
Form und Tragweise	Pfeilspitzenkreuz mit Hakenkreuzmedaillon sowie Luftwaffenadler in den Winkeln und fallweise zwei unterlegte, gekreuzte Schwerter, Steckkreuz aus Silber oder versilbertem Buntmetall auf der Mitte der rechten Brustseite unter dem Blutorden
Besitznachweis	Besitzurkunde
Verpackungsmittel	Volletui
Katalognummern	Nimmergut(Bd.4): 4970-4973, 4978-4983 DOE(8): 377-378, Niemann(3): 7.02.03-7.02.04

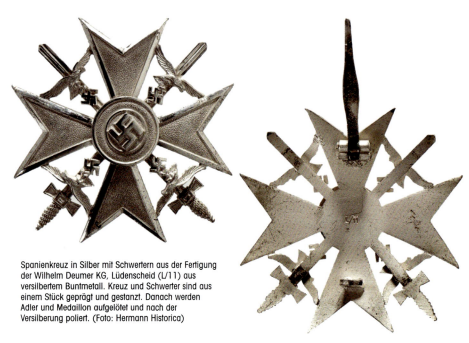

Spanienkreuz in Silber mit Schwertern aus der Fertigung der Wilhelm Deumer KG, Lüdenscheid (L/11) aus versilbertem Buntmetall. Kreuz und Schwerter sind aus einem Stück geprägt und gestanzt. Danach werden Adler und Medaillon aufgelötet und nach der Versilberung poliert. (Foto: Hermann Historica)

Das silberne Spanienkreuz ohne Schwerter ist mit nur 327 Verleihungen, neben der Sonderstufe mit Brillanten, relativ selten. Hier ein Exemplar aus der Fertigung von C. E. Juncker, Berlin (L/12). Unter dem Abrieb der Versilberung schimmert das gelbe Buntmetall hindurch. (Foto: Hermann Historica)

Im Verleihungsablauf des Spanienkreuzes gibt es vereinzelt Nachläufer, bei denen der aktuelle Truppenteil nicht bekannt ist. Sie erhalten ein »Vorläufiges Besitzeugnis« an ihre Heimatanschrift per Post. Ausgestellt vom Luftwaffen-Personalamt und dort von der Abteilung 5, die mit der Abwicklung des »Sonderstab W« befasst ist. Weiteres muss der Beliehene dann selbst durch Postantwort per Einschreiben veranlassen. (Foto: Kay Brüggemann)

Spanienkreuz in Gold

Nach der Ankunft der letzten Kämpfer der Legion Condor in Hamburg am 31.Mai 1939 werden die Legionäre von Generalfeldmarschall Hermann Göring, Reichsministers der Luftfahrt und Oberbefehlshaber der Luftwaffe, mit markigen Worten empfangen: »…Heute steht ihr, die ihr zuletzt die Kämpfe miterlebt habt, hier, und in wenigen Tagen stehen an eurer Seite weitere Tausende, die ihr abgelöst habt und die vor euch in Spanien ihre Pflicht erfüllten. Ihnen allen gilt unser Dank, der Dank des Vaterlandes, der Dank des Führers. Der Führer, euer Oberster Befehlshaber, hat dieser Dankbarkeit äußerlich Ausdruck gegeben, indem er einen Orden gestiftet hat, der in drei Klassen verliehen werden soll: Alle Teilnehmer erhalten das Bronzene Kreuz mit Schwertern; diejenigen, die mit dem Feind in Berührung kamen, die gekämpft und gefochten haben, das gleiche Kreuz in Silber; diejenigen, die sich hervorgetan haben an Kühnheit, Mut und Tapferkeit, das Kreuz in Gold; diejenigen aber, die in ungewöhnlicher Art, beispielhaft hinausragend über alle anderen, Leistungen vollbrachten, erhalten das Goldene Kreuz mit Brillanten. So hat der Führer ein Zeichen seines Dankes gegeben, für eure Leistungen, für euren Mut und eure Tapferkeit.«

Bezeichnung	Spanien Kreuz 1. Klasse in Gold (1. Klassen nur mit Schwertern)
Auszeichnungstyp	Orden mit drei Klassen und einer Sonderklasse
Datum der Verordnung	14. April 1939
Stifter	»Im Namen des Deutschen Volkes« Adolf Hitler als Führer und Reichskanzler
Veröffentlichung	RGBl. I vom 10.08.1939, Nr.139, S.1359-1361
Verleihungsbefugnis	Vorschläge für Angehörige der Wehrmacht über den Chef des Oberkommandos der Wehrmacht. Gesammelte Vorlage bei Hitler durch den Chef der Präsidialkanzlei, Staatsminister Otto Meißner. Genehmigung durch Hitler
Leistung für die Verleihung	Anerkennung für hervorragende Leistungen als Freiwilliger im Spanischen Freiheitskampf
Verleihungsvoraussetzung	Angehöriger der in Spanien kämpfenden Truppenteile der »Legion Condor«
Anzahl der Verleihungen	1126
Form und Tragweise	Pfeilspitzenkreuz mit Hakenkreuzmedaillon sowie Luftwaffenadler in den Winkeln und zwei unterlegte, gekreuzte Schwerter, Steckkreuz aus vergoldetem Silber oder vergoldetem Buntmetall auf der Mitte der rechten Brustseite
Besitznachweis	Besitzurkunde
Verpackungsmittel	Volletui
Katalognummern	Nimmergut(Bd.4): 4965-4969, DOE(8): 376, Niemann(3): 7.02.02

Das goldene Spanienkreuz wird nur mit Schwertern verliehen. Die 1939 überreichten Exemplare sind aus Buntmetall vergoldet. Im Ordenshandel kann der Beliehene seinen Spanienkreuz danach veredeln, in dem er sich ein Exemplar aus 900er Silber vergoldet kauft. Wie das abgebildete Exemplar des Herstellers »CEJ« (Punze) für C. E. Junker aus Berlin. (Foto: Hermann Historica)

Im zeitgenössischen Ordenshandel werden alle Stufen des Spanienkreuzes in Volletuis angeboten. Das offizielle Überreichen und Anstecken geht dagegen ohne Etuis vonstatten. Spanienkreuze in Etuis sind zumeist überkommende Zweit- oder Drittstücke. (Foto: Hermann Historica)

»… in Anerkennung seiner hervorragenden Leistungen als Freiwilliger im Spanischen Freiheitskampf… « verleiht Adolf Hitler im Namen des Deutschen Volkes die Spanienkreuze. (Foto: Hermann Historica)

Spanienkreuz in Gold mit Brillanten

Die Spanienkreuze mit Brillanten überreicht Hermann Göring bei verschiedenen Anlässen. An eine ganz besondere »Umtauschaktion« erinnert sich Adolf Galland in seine Biographie »Die Ersten und die Letzten«, als sein Oberbefehlshaber anlässlich der Überreichung des Spanienkreuzes mit Brillanten auf dem Fliegerhorst von Westerland, Gallands Goldenes Spanienkreuz in seiner Tasche verschwinden ließ nachdem er ihm die Brillanten an die Brust geheftet hatte. Keine übliche Handhabung beim Prozedere. Folgend die Liste der Beliehenen nach aktuellem Forschungsstand.

Verleihungen des Spanienkreuzes In Gold mit Schwertern und Brillanten
(Letzter Dienstgrad in Spanien)
Stab S/88 (Führung der Legion Condor)
Richthofen, Wolfram v. (Oberst)   1895-1945
Sperrle, Hugo (Generalleutnant)   1895-1953
Volkmann, Helmut (Generalmajor) 1889-1940
Jagdgruppe J/88 (Jagdflieger)
Balthasar, Wilhelm (Oberleutnant) 1914-1941
Bertram, Otto (Oberleutnant)   1916-1987
Boddem, Wilhelm (Leutnant)   1909-1939
(posthum)
Eberhardt, Kraft (Oberleutnant)   1910-1936
(posthum)
Enßlen, Wilhelm (Oberleutnant)   1911-1940
Galland, Adolf (Oberleutnant)   1912-1996
Harder, Harro (Oberleutnant)   1912-1944
Henrici, Oskar (Leutnant)   1914-1936
(posthum)
Lützow, Günther (Oberleutnant)   1912-1945
Mölders, Werner (Hauptmann)   1913-1941
Oesau, Walter (Leutnant)   1913-1944

Werner Mölders Spanienkreuz mit Brillanten.

Bezeichnung	Spanien-Kreuz in Gold mit Schwertern und Brillanten (Sonderklasse)
Auszeichnungstyp	Orden mit drei Klassen und einer Sonderklasse
Datum der Verordnung	14. April 1939
Stifter	»Im Namen des Deutschen Volkes« Adolf Hitler als Führer und Reichskanzler
Veröffentlichung	RGBl. I vom 10.08.1939, Nr.139, S.1359-1361
Verleihungsbefugnis	Vorschläge für Angehörige der Wehrmacht über den Chef des Oberkommandos der Wehrmacht. Sonderweg zu- und Genehmigung durch Hitler
Leistung für die Verleihung	als Anerkennung für ganz hervorragende Leistungen als Freiwilliger im Spanischen Freiheitskampf
Verleihungsvoraussetzung	Angehöriger der in Spanien kämpfenden Truppenteile der »Legion Condor«
Anzahl der Verleihungen	28 davon 7 posthume Verleihungen
Form und Tragweise	Pfeilspitzenkreuz mit brillantengesäumtem Hakenkreuzmedaillon sowie Luftwaffenadler in den Winkeln und zwei unterlegte, gekreuzte Schwerter, Steckkreuz aus vergoldetem Silber auf der Mitte der rechten Brustseite unter dem Blutorden
Besitznachweis	Besitzurkunde
Verpackungsmittel	Volletui
Katalognummern	Nimmergut(Bd.4): 4962-4964, DOE(8): 375, Niemann(3): 7.02.01

Runze, Heinz (Leutnant) 1914-1938
(posthum)
Schellmann, Wolfgang (Hauptmann) 1911-1941
Schlichting, Joachim (Hauptmann) 1914-1982
Seiler, Reinhard (Oberleutnant) 1909-1989
Kampfgruppe K/88 (Kampfflieger)
Graf Hoyos, Max (Oberleutnant)
Mehnert, Karl (Oberstleutnant) 1883-1957
Moreau, Rudolf v.(Hauptmann) 1910-1939
(posthum)
Neudörffer, Wolfgang (Hauptmann)
Stärcke, Bernhard (Oberleutnant)
Aufklärungsgruppe A/88 (Aufklärer)
Kessel, Hans-Detlef v. (Hauptmann) 1910-1937
(posthum)
Aufklärungsgruppe See AS/88 (Seeaufklärer)
Harlinghausen, Martin (Major) 1902-1986
Wolff, Karl-Heinz (Major)
Nachrichtenabteilung LN/88 (Funker)
Paul Fehlhaber (Leutnant) 1912-1937
(posthum)
Panzerabteilung »Imker«
Ritter von Thoma, Wilhelm (Oberst) 1891-1948

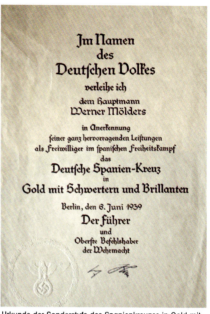

Urkunde der Sonderstufe des Spanienkreuzes in Gold mit Schwertern und Brillanten für Hauptmann Werner Mölders (1913-1941) (Foto: Hermann Historica)

Silber vergoldetes Spanienkreuz mit 14 gefassten Brillanten auf dem Ring des Medaillons. Hersteller der überreichten Sonderstufe des Spanienkreuzes ist die Firma J. Godet & Sohn KG in Berlin, seinerzeit unter den Linden 53 ansässig. (Foto: Hermann Historica)

Memellandmedaille

Eine Woche nach dem Einmarsch der deutschen Wehrmacht in Prag und der Errichtung des Protektorats Böhmen und Mähren gibt Litauen dem Deutschen Ultimatum vom 20. März 1939 nach und schließt einen Übergabevertrag ab: Am 22. März 1939 wird mit Unterstützung der Wehrmacht das Memelgebiet an Ostpreußens Nordostgrenze besetzt. Verliehen wird die Medaille an memelländische Kämpfer, insbesondere Verwundete, sowie an die Hinterbliebenen gefallener Kämpfer. Weiterhin erhalten Angehörige der Wehrmacht, der Polizei, des Zollgrenzschutzes, der Partei und ihrer Gliederungen die Medaille, soweit sie bei der Besetzung des Memellandes eingesetzt sind. Letztlich auch die Beamten der Überleitungsbehörden berechtigt.

Nach Vorlage der gesammelten Verleihungsvorschläge durch den Staatsminister und Chef der Präsidialkanzlei bei Hitler und ihrer Genehmigung ist allein die Präsidialkanzlei zur Ausfertigung von Besitzzeugnissen autorisiert. Hitler fordert einen strengen Maßstab beim Kreis der Berechtigten und schließt Verleihungen an Frauen explizit aus.

»Zur Erinnerung an die Heimkehr des Memellandes 22. März 1939«, olivfarben getönte Buntmetallmedaille, vereinzelt auch aus Feinzink mit 32 mm Durchmesser am 30 mm breiten Band. Hier mit der 25 mm breiten einzelnen Kleinen Ordensschnalle in grün-weiß-roter Farbfolge, den Landesfarben des Memellandes.
(Foto: Volker A. Behr)

Bezeichnung	Medaille zur Erinnerung an die Heimkehr des Memellandes
Auszeichnungstyp	Ehrenzeichen
Datum der Verordnung	01.05.1939
Stifter	Adolf Hitler als Führer und Reichskanzler
Veröffentlichung	RGBl. I vom 04.05.1939, Nr.84, S.862-863
Verleihungsbefugnis	Reichsminister des Innern, für Angehörige der Wehrmacht der Chef des Oberkommandos der Wehrmacht
Leistung für die Verleihung	Besondere Verdienste bei der Wiedervereinigung des Memellandes mit dem Deutschen Reich.
Anzahl der Verleihungen	31.322 bis 31.12.1941 (Verleihungsschluss)
Künstlerischer Entwurf	Professor Richard Klein, München
Form und Tragweise	runde Medaille am grün-weiß-rotem Band (Landesfarben), an der Uniform nur als Banddekoration an der Großen Ordensspange oder als Kleine Ordensschnalle über der oberen, linken Uniformbrusttasche
Besitznachweis	Besitzzeugnis
Verpackungsmittel	Volletui später Papierbeutel
Katalognummern	Nimmergut(Bd.4):4701, DOE(8): 60, Niemann(3): 6.02.28

Der Führer und Reichskanzler

hat aus Anlaß der Wiedervereinigung des
Memellandes mit dem Deutschen Reich

dem
Obermaschinistenmaaten Heinrich D a m m e i e r
vom Panzerschiff " Deutschland "

die
Medaille zur Erinnerung
an die Heimkehr des Memellandes
verliehen.

Berlin, den 26. Oktober 1939

Der Staatsminister
und Chef der Präsidialkanzlei
des Führers und Reichskanzlers

Im Gegensatz zu den Besitzurkunden der Sudetenlandmedaille gibt es bei der Memellandmedaille nur eine Form der Besitzurkunde. Sie sind von der Präsidialkanzlei mit der faksimilisierten Unterschrift »Meissner« und dem Prägesiegel »Der Staatsminister und Chef der Präsidialkanzlei des Führers und Reichskanzlers« ausgestellt. Die Wehrmacht hat keine Ausführungsbefugnis. (Foto: Kay Brüggemann)

Verwundetenabzeichen, Spanischer Bürgerkrieg

Verliehen »Als ehrendes Erinnerungsabzeichen für diejenigen deutschen Freiwilligen, die bei Niederwerfung des Bolschewismus im spanischen Freiheitskampf 1936-1939 als Angehörige der Legion Condor oder im Zusammenhang mit ihrem Einsatz sowie als Angehörige der an Kampfhandlungen in spanischen Gewässern beteiligt gewesenen deutschen Kriegsmarine durch feindliche Kampfmittel verwundet oder beschädigt wurden...«. Diese in größeren Mengen von den Ordensherstellern 1939 gefertigten hohlen Abzeichen sind mit Beginn des Zweiten Weltkrieges und der Neustiftung eines Verwundetenabzeichens, als so genannte 1. Form des Abzeichens in Schwarz, Silber und Gold verliehen worden.

Die genaue Zuordnung als Verwundetenabzeichen der Legion Condor, das nur in schwarzer und silberner Ausführung zur Verleihung kam, ist dadurch unmöglich.

Nur ganz wenige Verwundetenabzeichen in schwarzer Ausführung und ein einziges in Silber sind offiziell verliehen worden. Trotzdem fertigen viele Ordenshersteller diese Abzeichenform bis in den Zweiten Weltkrieg hinein (Foto: Archiv Volker. A. Behr)

Recht aufwendige Verpackung für das Verwundetenabzeichen in Schwarz der sogenannten 1. Form. (Foto: Archiv Volker. A. Behr)

Bezeichnung	Verwundeten-Abzeichen für deutsche Freiwillige im spanischen Freiheitskampf
Auszeichnungstyp	Ehrenzeichen
Datum der Verordnung	22.05.1939
Stifter	Adolf Hitler als Führer und Reichskanzler
Veröffentlichung	RGBl. I vom 10.08.1939, Nr.139, S.1364-1365
Verleihungsbefugnis	Im Auftrag Chef des Oberkommandos der Wehrmacht
Leistung für die Verleihung	einfache oder mehrfache Verwundung
Anzahl der Verleihungen	182 schwarze und 1 silbernes an Freiwillige der Legion Condor
Künstlerischer Entwurf	unbekannt von Anfang 1918
Form und Tragweise	hohlgepreßtes Steckabzeichen aus Metall auf der linken Brustseite
Besitznachweis	Besitzzeugnis
Verpackungsmittel	Halbetui, Pappschachtel
Katalognummern	Nimmergut(Bd.4): 5143-5147, DOE(8): 458-459, Niemann(3): 7.02.09

Westwallehrenzeichen

»Zum sichtbaren Ausdruck meines Dankes und meiner Anerkennung für Verdienste für die Anlage und Errichtung des Deutschen Schutzwalles stifte ich das Deutsche Schutzwall Ehrenzeichen…«. Beginn des Satzungstextes der letzten Auszeichnung, die Hitler vor Ausbruch des Zweiten Weltkrieges stiftet. Die erste Verleihung des Ehrenzeichens erfolgt unter anderen an den Generalinspekteur für das Deutsche Straßenwesen Dr. Todt am 23. November 1939. Er ist seit 1938 für die Oberleitung aller Sicherungs- und Bunkerbauvorhaben an den Grenzen des Reiches zuständig. In den Monaten vor Beginn des Krieges sind 215 000 Arbeiter, davon 58 000 Angehörige des Reichsarbeitsdienstes, mit Schanz und Betonierungsarbeiten beschäftigt. Der Hauptanteil der Arbeitskräfte wird von der »Organisation Todt« und von Soldaten der Festungspioniere des Heeres gestellt. Auch der Transporteinsatz der Reichsbahn ist bemerkenswert. Doch nicht nur die Arbeiter vor Ort mit der Pickhacke und Schaufel in der Hand werden ausgezeichnet, wie die Gesamtzahl der Verleihungen vermuten lässt.

Medaille aus hell bis dunkel bronziertem Buntmetall mit stilisierter Bunkerecke unter Schwert und Spaten auf der Vorderseite. (Foto: Archiv Volker A. Behr)

Bezeichnung	Deutsches Schutzwall Ehrenzeichen
Auszeichnungstyp	Ehrenzeichen
Datum der Verordnung	02.08.1939
Stifter	Adolf Hitler als Führer und Reichskanzler
Veröffentlichung	RGBl. I vom 10.08.1939, Nr.139, S.1365
Verleihungsbefugnis	im Namen des Führers: der Chef des Oberkommandos der Wehrmacht, der Generalinspekteur für das deutsche Straßenwesen und der Reichsarbeitsführer, jeder für seinen Bereich
Leistung für die Verleihung	als Anerkennung für Verdienste um die Anlage und Einrichtung des Deutschen Schutzwalles (Anm. Westwall)
Verleihungsvoraussetzung	Wehrmacht: mindestens 10 Wochen Mitarbeit oder 3 Wochen Sicherungswache in der Zeit vom 15. Juni 1938 bis 31. März 1939. Keine Parallelverleihung der Sudetenland- und Memellandmedaillen.
Anzahl der Verleihungen	622 064 bis 31.Januar 1941
Künstlerischer Entwurf	Professor Richard Klein, München
Form und Tragweise	ovale Medaille am braunen, 2 mal weiß gestreiften Band, an der Uniform nur als Banddekoration an der Großen Ordensschnalle oder als Kleine Ordensschnalle über der oberen, linken Uniformbrusttasche
Besitznachweis	Besitzzeugnis
Verpackungsmittel	besondere Verleihungen im Volletui sonst Papierbeutel
Katalognummern	Nimmergut(Bd.4): 4702-4704, DOE(8): 61, Niemann(3): 6.02.33

Ausführung eines Besitzzeugnisses durch die Präsidialkanzlei des Führers. Sie stellt Urkunden für die Berechtigten aus, die den Verleihungsbefugten nicht zuzuordnen sind. (Foto: Kai Winkler)

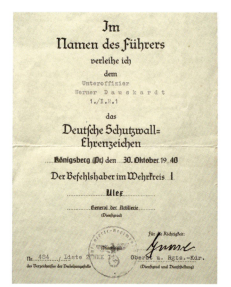

Die große Anzahl der Verleihungen führt zu Materialengpässen bei den Ordensherstellern. Einige fertigen deshalb die Medaillen aus Feinzink. Die der Materialsituation geduldete Fertigungsart ist am grauen Farbton erkennbar. (Foto: Archiv Volker A. Behr)

Form der Besitzzeugnisse für Angehörige des Heeres, die – mit Bewachungsaufgaben betraut – zum Kreis der Ausgezeichneten gehören. (Foto: Archiv Volker A. Behr)

1939 · Kriegsbeginn, Polenfeldzug

Eisernes Kreuz 2. Klasse

Was ist »besondere Tapferkeit« für die Verleihung des Eisernen Kreuzes 2. Klasse? Eine zeitgenössische »Bestätigung« gibt dazu Auskunft. Ein Beispiel von Millionen von Tapferkeitstaten die sich im Gefechtsfeuer an der Front ergeben: »Dem Gefreiten Hans Köhler aus der 7.Kompanie des Infanterie Regiments 97 wurde am 5.9.1940 das EK II verliehen, weil er am 11.6.40 bei einem feindlichen Panzerangriff bei Douains als M.G.-Schütze, unter Einsatz seines Lebens, zusammen mit einigen Artilleristen, durch einen Gegenstoß zwei deutsche Geschütze zurückeroberte, die bereits in Feindeshand gefallen waren. Ortsunterkunft, den 5.9.1940, Oberleutnant und Kompaniechef«. Allein der Aufenthalt im feindlichen Feuer bzw. Kampfgebiet wird nicht als Tapferkeit im Kampf gewertet und reicht zur Verleihung nicht aus. Im Verlauf des Krieges wird mehrfach auf diese Anordnung hingewiesen. Bei Durchführung von sonstigen Kriegsaufgaben ist das Kriegsverdienstkreuz zu verleihen. Übrigens: Mit der dritten Wiedererneuerung des Eisernen Kreuzes von 1813 zu Beginn des Zweiten Weltkrieges wird das ursprüngliche Ehrenzeichen zum Orden aufgewertet.

Schwarz lackierter Eisenkern mit silbernem Rahmen. Eisernes Kreuz der 2. Klasse vom Hersteller Paul Meybauer, Berlin von 1940. (Foto: Hermann Historica)

Bezeichnung	Eisernes Kreuz 2. Klasse
Auszeichnungstyp	Orden
Datum der Verordnung	01.09.1939
Stifter	Adolf Hitler als Führer und Oberster Befehlshaber der Wehrmacht
Veröffentlichung	RGBl. I vom 02.09.1939, Nr.159, S.1573
Verleihungsbefugnis	im Namen des Führers die Oberbefehlshaber der drei Wehrmachtteile und der Chef des Oberkommandos der Wehrmacht, jeweils übertragen ab der Ebene der Divisionskommandeure, Flottillenchefs, Geschwaderkommandeure usw. aufwärts
Verleihungsvoraussetzung	Tapferkeitstat im Fronteinsatz
Leistung für die Verleihung	besondere Tapferkeit vor dem Feind und für hervorragende Verdienste in der Truppenführung
Anzahl der Verleihungen	unbekannt, etwa 3.000.000 (geschätzt)
Künstlerischer Entwurf	Ursprung: Karl Friedrich Schinkel 1813. Überarbeitung: Willy Tornow 1939, Musterausführung: Graveurmeister Emil Escher von Steinhauer & Lück, Lüdenscheid 1939
Form und Tragweise	Schwarzes Tatzenkreuz mit Silberrand am schwarz-weiß-roten Band, nur das Band im zweiten Knopfloch von oben an der Uniform oder als Banddekoration an der Großen Ordensspange oder als Kleine Ordensschnalle über der oberen, linken Uniformbrusttasche
Besitznachweis	Urkunde
Verpackungsmittel	anfangs im Halbetui (selten), Papierbeutel
Katalognummern	Nimmergut(Bd.4): 5069-5075, DOE(8): 431-435, Niemann(3): 7.03.11

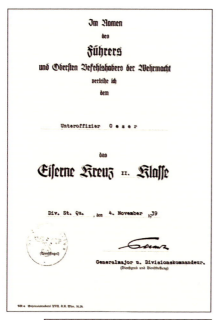

Die Durchführungsbestimmungen der Wehrmachtteile bestimmen lediglich den genauen Text der Verleihungsurkunde. Schrifttype und Papierformate variieren. Anfangs sind DIN-A4- und A5-Formate hoch und auch quer beim Heer in Verwendung. Letztlich wurden Urkunden im Format A5 hoch zum Standard der Gestaltung, wie das Beispiel unten rechts von Anfang 1944 zeigt. Der »Oberste Befehlshaber der Wehrmacht« fällt weg. (Archiv: Volker A. Behr)

Spange 1939 Eisernes Kreuz 2. Klasse

Bereits im Ersten Weltkrieg gibt es sogenannte Wiederholungsspangen für Träger des Eisernen Kreuzes von 1870/71. Beim zeitlichen Abstand der beiden Kriege zueinander von 44 Jahren gibt es nur einige höchste Dienstgrade, die dafür in Frage kommen. Anders zu Beginn des Zweiten Weltkrieges. Nach 25 Jahren sind noch reichlich mit dem EK dekorierte Kämpfer im Dienst, die sich mit erneuter Tapferkeit oder Führungsleistung die Spange 1939 zum EK von 1914 verdienen.

Nach den Verleihungsrichtlinien wird das Eiserne Kreuz in allen seinen Klassen nicht nur an Soldaten der Wehrmacht, sondern auch an Angehöriger der im Einsatz unterstellten Polizei, des Reichsarbeitsdienstes, der Organisation Todt, der Technische Nothilfe und sonstiger Verbände verliehen. Ebenso erhalten es verbündete Ausländer der finnischen, italienischen, kroatischen, rumänischen und slowakischen Streitkräfte. Ausländische Freiwillige, die auf den »Führer und Obersten Befehlshaber der Wehrmacht« vereidigt sind, zählen genauso dazu wie die im Rahmen der Wehrmacht und Waffen-SS kämpfenden dänischen, estnischen, finnischen, französischen, italienischen, kroatischen, niederländischen und wallonischen Freiwilligen. Auch einige Frauen, Krankenschwestern und Fliegerinnen werden mit dem Eisernen Kreuz ausgezeichnet. Die von Hitler anfangs untersagte Verleihung an Gefallene (posthum) ist seit Herbst 1940 möglich.

Bezeichnung	Spange 1939 zum Eisernes Kreuz 2. Klasse von 1914
Auszeichnungstyp	Orden
Datum der Verordnung	01.09.1939
Stifter	Adolf Hitler als Führer und Oberster Befehlshaber der Wehrmacht
Veröffentlichung	RGBl. I vom 02.09.1939, Nr.159, S.1573
Verleihungsbefugnis	im Namen des Führers die Oberbefehlshaber der drei Wehrmachtteile und der Chef des Oberkommandos der Wehrmacht, jeweils übertragen ab der Ebene der Divisionskommandeure, Flottillenchefs, Geschwaderkommandeure usw. aufwärts
Verleihungsvoraussetzung	Eisernes Kreuz 2. Klasse von 1914
Leistung für die Verleihung	besondere Tapferkeit vor dem Feind und für hervorragende Verdienste in der Truppenführung
Anzahl der Verleihungen	unbekannt, etwa 70.000 (geschätzt)
Künstlerischer Entwurf	unbekannt
Form und Tragweise	silberner Hoheitsadler auf Jahresschild, als Spange auf dem schwarz weißen Band des Eisernen Kreuzes 2. Klasse von 1914, Band mit Spange im zweiten Knopfloch von oben an der Uniform oder als Banddekoration an der Großen Ordensspange oder als Feldspange über der oberen, linken Uniformbrusttasche
Besitznachweis	Urkunde
Verpackungsmittel	Pappschachtel, Papierbeutel
Katalognummern	Nimmergut(Bd.4): 5076-5081, DOE(8): 436-437, Niemann(3): 7.03.12

Spange 1939 für das schwarz-weiße Band des Eisernen Kreuzes 2. Klasse von 1914. Herstellerpunzen, wie hier L/12, sind nicht auf allen zeitgenössischen Stücken zu finden (Archiv: Volker A. Behr)

Frostig versilberte und teilpolierte Spange 1939. Im zweiten Knopf der Feldbluse von oben, oder in entsprechender Höhe bei anderen Anzugarten, wird das Band mit der Spange im 45-Grad-Winkel nach unten um die Kante gelegt und innen fest vernäht. (Foto: www.hermann-historica.com)

Besitzurkunde für die Spange 1939 zum EK 2. Klasse von 1914. Bemerkenswert ist die Darstellung des Eisernen Kreuzes als Kopfschmuck der Urkunde schon mit Beginn des Krieges. Bei den Urkunden der 1. und 2. Klasse des EK 1939 wird das erst später zur Regel. (Foto: Helmut Weitze)

Einzeldekoration als Große Ordensspange? Bei der Spange 1939 zum EK 2. Klasse von 1914 ist das eher selten. Die überlebenden Kämpfer des Ersten Weltkrieges haben in der Regel mehrere Ehrenzeichen an ihrer Großen Ordensspange. Also eine Erinnerungsdekoration. (Foto: Hermann Historica)

Vergleich zu Ersten Weltkrieg. Nach der Verleihung der 2. Klasse im Deutsch-Französischen Krieg von 1870 gibt es zum 25-jährigen Kriegsjubiläum ein Eichenlaub und die Spange bei erneuter Verleihung 1914. Hier am Band für Nichtkämpfer. (Foto Andreas Thies)

Eisernes Kreuz 1. Klasse

Nach einem Jahr Verleihungspraxis des Eisernen Kreuzes erlässt Adolf Hitler eine Verleihungssperre am 3. August 1940: »Der Orden des Eisernen Kreuzes ist seit seiner Stiftung in den deutschen Freiheitskriegen der Tapferkeitsorden des deutschen Soldaten. In meiner Verordnung über die Erneuerung des Eisernen Kreuzes vom 1. September 1939 habe ich daher die Bedingung für die Verleihung »wegen besonderer Tapferkeit vor dem Feinde« an die Spitze gestellt.

Ich habe außerdem auch die Verleihung »wegen hervorragender Verdienste in der Truppenführung« zugelassen, da Verantwortungsfreude und Entschlossenheit. in der Truppenführung einer persönlichen Tapferkeitstat gleich zu achten sind. (…) Nach meinen Weisungen sollten Tapferkeitstaten sofort ausgezeichnet, sonstige Verdienste erst nach bemessener Zeit belohnt werden.

Niemals habe ich einen Zweifel darüber gelassen, dass ich das Eiserne Kreuz als den Tapferkeitsorden gewertet wissen will. Aus vielfachen Äußerungen der Front habe ich den Eindruck gewonnen: Der Frontkämpfer sieht das für persönlich tapferen Einsatz erworbene Eiserne Kreuz in seinem Werte durch die jetzt erweiterte Auslegung des Begriffes »Verdienste in der Truppenführung« gefährdet. Hierzu gehört auch die zahlreiche Verleihung in Stäben usw. Aus diesem Grunde habe ich mich entschlossen, die Verleihung von Kriegsauszeichnungen zunächst zu sperren (…)«

Der Chef des Oberkommandos der Wehrmacht wird beauftragt, nach dem Vergleich der Handhabung bei der Verleihung innerhalb der Gesamtwehrmacht Vorschläge zu machen, wie Hitlers Willensmeinung Geltung zu verschaffen ist.

Bezeichnung	Eisernes Kreuz 1. Klasse
Auszeichnungstyp	Orden
Datum der Verordnung	01.09.1939
Stifter	Adolf Hitler als Oberster Befehlshaber der Wehrmacht
Veröffentlichung	RGBl. I vom 02.09.1939, Nr.159, S.1573
Verleihungsbefugnis	im Namen des Führers die Oberbefehlshaber der drei Wehrmachtteile und der Chef des Oberkommandos der Wehrmacht, jeweils übertragen ab der Ebene der Divisionskommandeure, Flottillenchefs, Geschwaderkommandeure usw. aufwärts
Verleihungsvoraussetzung	Eisernes Kreuz 2. Klasse oder Spange 1939 zum Eisernen Kreuz 2. Klasse von 1914
Leistung für die Verleihung	besondere Tapferkeit vor dem Feind und für hervorragende Verdienste in der Truppenführung
Anzahl der Verleihungen	unbekannt, etwa 450 000 (geschätzt)
Künstlerischer Entwurf	Ursprung: Karl Friedrich Schinkel 1813. Überarbeitung: Willy Tornow 1939, Musterausführung: Graveurmeister Emil Escher von Steinhauer & Lück, Lüdenscheid 1939
Form und Tragweise	Schwarzes Tatzenkreuz mit Silberrand, als Steckkreuz auf der Mitte der oberen, linken Uniformbrusttasche oder auf der linken Brustseite in entsprechender Höhe
Besitznachweis	Urkunde
Verpackungsmittel	Volletui, vereinzelt mit Überkarton
Katalognummern	Nimmergut(Bd.4): 5033-5047, DOE(8): 416-424, Niemann(3): 7.03.09

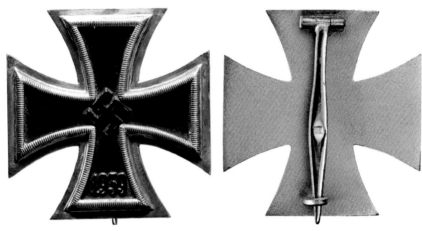

Eisernes Kreuz 1. Klasse des Herstellers B.H.Kunstprägeanstalt, Pforzheim. Der Firma ist die Nummer 26 durch die Präsidialkanzlei zugeteilt und hier auf dem Rücken der Nadel gepunzt. (Foto: Hermann Historica)

Zwei der zigtausendfach überreichten Besitzurkunden. Ein besonderes Merkmal ist der Schrifttypenwechsel bei den Urkunden im Laufe des Krieges. Frühe Urkunden sind in der Groteskschrift gedruckt, die später durch eine Blockschrifttype ausgewechselt wird. Besonders beim Heer ist die markante Änderung der Urkundendruckschrift bemerkenswert.
(Foto: Norbert Kannapin)

Vielfältig sind die Varianten des Eisernen Kreuzes 1. Klasse, das zumindest von allen vollkonzessionierten Firmen, 17 an der Zahl, produziert wird. Immer mit individuellen, fertigungsbedingten Abweichungen. Das Exemplar mit Schraubscheibe ist beim Hersteller Friedrich Orth, Wien (L/14) entstanden. Nach vorübergehendem Verbot, der aus den Gebrauchserfahrungen des Ersten Weltkrieges resultierenden Schraubscheibe, wird sie ab März 1941 durch die Präsidialkanzlei wieder zugelassen. Allerdings nur in der hier gezeigten standardisierten Form mit glattem Rand. Auch die Vorgabe des Eisenkerns mit silbernem Rahmen für das „Eiserne Kreuz" wird nicht immer befolgt, wie das abgeriebene Exemplar zeigt. Der Kern besteht aus Tombak, einem unmagnetischen Buntmetall. Bei schwarz lackierten Eisenkernen, wie vorgeschrieben und hier mit einem gängigen Stück präsent, bringt ein Magnet zu Tage, was der dicke Lack verbirgt.
(Foto: Hermann Historica)

DER FÜHRER
HAT DEM
Wachtmeister
Fritz K l e i n
I./Art.Rgt. 336

DAS
EISERNE KREUZ
1 . **KLASSE**
VERLIEHEN.

UM DIE AM 17. Juli 1943 UNTER AUFOPFERUNG DES LEBENS VOLLBRACHTE HELDENMÜTIGE TAT ZU EHREN UND FÜR ALLE ZEIT IN VOLK UND SIPPE ALS VORBILD LEBENDIG ZU ERHALTEN.

Hauptquartier O´K H,
den 20. Dezember 1944

BEGLAUBIGT:
Generalleutnant

Von seiner Anweisung: »Keine posthume Tapferkeitsauszeichnung an gefallene Soldaten!« weicht Hitler mit zunehmender Kriegsdauer ab. Letztlich gibt es eigene Urkundenvordrucke für den Fall der posthumen Würdigung einer »Heldenmütigen Tat«. Über ein Jahr Abwägung benötigt das Heeres-Personalamt mit seinem letzten Chef Generalleutnant Viktor Linnarz, um die Verleihung des EK 1. Klasse an Wachtmeister Fritz Klein auszuführen.
(Foto: Harald Geißler)

Spange 1939 zum Eisernen Kreuz 1. Klasse von 1914

Die Spange 1939 für die 1. Klasse des Eisernen Kreuzes von 1914 ist die klassische Auszeichnung für die »Kleine Tat« altgedienter Offiziere und begehrt in den Stabsetagen. Dem wird durch Hitlers ungewöhnliche Verleihungssperre ein Riegel vorgeschoben. Die Aufhebung derselben und die zukünftige Regelung für das Eiserne Kreuz an Offizier in den Stäben ergeht am 16. März 1941: »1. Das Eiserne Kreuz darf „für hervorragende Verdienste in der Truppenführung" verliehen werden nur: dem Truppenführer und seinem ersten Gehilfen; in Stäben, die einem Chef des Stabes unterstehen: dem Chef des Stabes und dem ersten Gehilfen. 2. Zur Verleihung des Eisernen Kreuzes für Tapferkeitstaten an Angehörige von höheren Kommandobehörden und von Regiments- usw. Stäben ausschließlich an aufwärts sind bis auf weiteres nur die Oberbefehlshaber der Wehrmachtteile und der Chef des Oberkommandos der Wehrmacht für seinen Bereich ermächtigt. Eine Übertragung dieser Verleihungsbefugnis ist nur unter besonderen Umständen an die Befehlshaber weit abgesetzter Truppenteile zulässig. 3. Schematische Aufteilung nach Verhältniszahlen an untere Einheiten sind unzulässig. Die Befehlshaber aller Verleihungsdienststellen haben darüber zu wachen, dass jede besondere Tapferkeitstat im kämpferischen Einsatz ihre gerechte Würdigung findet (…)«. Nur vom Schreibtisch aus bleibt das Eiserne Kreuz für Stabsoffiziere unerreichbar.

Bezeichnung	Spange 1939 zum Eisernen Kreuz 1. Klasse von 1914
Auszeichnungstyp	Orden
Datum der Verordnung	01.09.1939
Stifter	Adolf Hitler als Oberster Befehlshaber der Wehrmacht
Veröffentlichung	RGBl. I vom 02.09.1939, Nr.159, S.1573
Verleihungsbefugnis	im Namen des Führers die Oberbefehlshaber der drei Wehrmachtteile und der Chef des Oberkommandos der Wehrmacht, jeweils übertragen ab der Ebene der Divisionskommandeure, Flottillenchefs, Geschwaderkommandeure usw. aufwärts
Leistung für die Verleihung	besondere Tapferkeit vor dem Feind und für hervorragende Verdienste in der Truppenführung
Verleihungsvoraussetzung	Eisernes Kreuz 1. Klasse von 1914 und Spange 1939 zum Eisernen Kreuz 2. Klasse von 1914
Anzahl der Verleihungen	nicht bekannt, 30.000 (geschätzt)
Künstlerischer Entwurf	unbekannt
Form und Tragweise	silberner Hoheitsadler auf Jahresschild, Steckabzeichen über dem Eisernen Kreuz 1. Klasse von 1914 auf der oberen, linken Uniformbrusttasche oder auf der linken Brustseite in entsprechender Höhe
Besitznachweis	Urkunde
Verpackungsmittel	Volletui mit Überkarton oder Halbetui oder Cellophanbeutel
Katalognummern	Nimmergut(Bd.4): 5048-5068, DOE(8): 425-430, Niemann(3): 7.03.10

Die ersten verliehenen Spangen sind aus Buntmetall versilbert, und der Adler hat, wie hier zu sehen, leicht gerundete Konturen (1.Form). Später sind die Konturen geradliniger (2.Form), und es wird auch Feinzink als Material verwendet. (Foto: Hermann Historica)

Seltener ist die Kombination mit fest verbundenem Eisernen Kreuz 1. Klasse von 1914. Hier mit einer Spange der 2.Form und glatter Schraubscheibe ab 1941. Der Haken an der Spange verhindert das Drehen der Dekoration beim Tragen. (Foto: Kai Winkler, Archiv Volker A. Behr)

Stark beriebene Spange 1939 der 1. Form aus dem Buntmetall »Tombak« mit gewellter Schraubscheibe von 1939. Ab Oktober 1940 sind Steckauszeichnungen mit Schraubscheiben nicht mehr gestattet, weil durch das notwendige Loch und die Scheibe der Uniformstoff beschädigt wird. Doch die Industrie interveniert, und am 21. März 1941 wird eine standardisierte Schraubscheibe mit glattem Rand durch die Präsidialkanzlei / Ordenskanzlei, nach Zustimmung der Wehrmacht, wieder zugelassen. (Foto: Hermann Historica)

Offizielles Foto nach seiner Ritterkreuzverleihung: General der Panzertruppe Heinz Guderian ist beispielhaft für eine schnelle Auszeichnungsfolge des Eisernen Kreuzes im September 1939. Fünf Tage nach Kriegsbeginn wird ihm die Spange 1939 zum EK II, acht Tage später die Spange zur ersten Klasse und am 27. Oktober das Ritterkreuz verliehen. (Foto: ullsteinbild)

Urkunde zur Spange 1939 aus dem ersten Verleihungszeitraum. Seit Anfang Oktober 1939 gibt es reichliche Auszeichnungen für die Soldaten der siegreichen Truppen im Polenfeldzug. Besonders die Wiederholungsspangen erfreuen viele Träger von Eisernen Kreuze des Ersten Weltkrieges. (Foto: Norbert Kannapin)

Ritterkreuz des Eisernen Kreuzes

Das Ritterkreuz ist die Neuschöpfung bei der 3. Erneuerung des Eisernen Kreuzes mit Beginn des Zweiten Weltkrieges. Ursprünglich kommen die Stiftung des preußischen Tapferkeitsordens von 1813 und seine zwei Erneuerungen von 1870 und 1914, mit der 1. und 2. Klasse des Eisernen Kreuzes sowie mit dem Großkreuz aus. Als gedachter »Ersatz« für Tapferkeitsorden des Ersten Weltkrieges, wie dem preußischen »Pour le Mérite« oder dem bayerischen »Militär Max Joseph Orden« und anderen, rangiert das Ritterkreuz anfangs zwischen den beiden traditionellen Klassen und dem Großkreuz. Im Verlauf des Zweiten Weltkrieges erfolgt die Einführung weiterer Stufen zum Ritterkreuz mit einem einfachen oder geschmückten Eichenlaub. Der Oberste Befehlshaber der Wehrmacht, Adolf Hitler, entscheidet über jede Verleihung persönlich nach entsprechender Vorlage durch die bearbeitenden Personalämter der Wehrmachtteile. Das Ritterkreuz wird verliehen für die einmalige außergewöhnliche Tapferkeitstat, die sich durch eigenen selbständigen Entschluss, hervorragende persönliche Tapferkeit und ausschlaggebenden Erfolg für die Kampfführung auszeichnet.

Im Vorschlag Nr.2408 zur Verleihung des Ritterkreuzes an den Oberleutnant der Reserve Wilhelm Wolff (geb.26.3.1915, gef. 31.10.1943) beschreibt der Kommandeur des Panzerregiments 36 eine solche Ritterkreuztat. Als Chef einer Panzer-Sturmgeschützkompanie hat Wolffs Kampfgruppe den Fluss Ingules zu erreichen. Beim Vorgehen bemerkt er bei Losowatka eine intakte, aber stark verteidigte Brücke über den Fluss. Wolff lässt durch die

Bezeichnung	Ritterkreuz des Eisernen Kreuzes
Auszeichnungstyp	Orden
Datum der Verordnung	01.09.1939
Stifter	Adolf Hitler als Oberster Befehlshaber der Wehrmacht
Veröffentlichung	RGBl. I vom 02.09.1939, Nr.159, S.1573
Verleihungsberechtigter	Adolf Hitler, nach Vorschlag durch die Truppe und Überprüfung durch die Personalämter der jeweiligen Wehrmachtteile.
Verleihungsvoraussetzung	Eisernes Kreuz 1. Klasse oder Spange 1939 zum Eisernen Kreuz 1. Klasse von 1914
Leistung für die Verleihung	einmalige, außergewöhnliche Tapferkeitstat vor dem Feind und für hervorragende Verdienste in der Truppenführung
Anzahl der Verleihungen	7356 davon Heer: 4784, Waffen-SS: 460, Luftwaffe: 1751, Kriegsmarine: 318, Ausländer: 43
Künstlerischer Entwurf	Ursprung: Karl Friedrich Schinkel 1813 nach einer Idee des Preußischen Königs Friedrich Wilhelm III.
Form und Tragweise	Schwarzes Tatzenkreuz mit Silberrand, am 45 mm breiten Band als Halsorden
Besitznachweis	vorläufiges Besitzzeugnis, Urkunde in Urkundenmappe (nur in den ersten Kriegsjahren)
Verpackungsmittel	Volletui, vereinzelt mit Überkarton nach posthumer Verleihung und Übersendung des RK an die Angehörigen
Katalognummern	Nimmergut(Bd.4): 5021-5031, DOE(8): 405-415, Niemann(3): 7.03.08

Das Ritterkreuz mit Bandabschnitt zum Größenvergleich. Dieses 1940 verliehene Exemplar hat keinerlei Herstellerkennzeichen. (Foto: Hermann Historica)

Vorläufiges Besitzzeugnis für den Oberleutnant der Reserve Wilhelm Wolff, das vom Heeres-Personalamt nach der posthumen Verleihung des Ritterkreuzes einen Tag später ausgestellt wird. (Foto: Privat)

Geschütze seiner Kompanie am Ostufer eine Feuerfront bilden und prescht, für die Russen völlig überraschend, mit zwei Sturmgeschützen im massiven Feindfeuer über die Brücke. Auf dem gegnerischen Ufer vernichtet er drei schwere Pakgeschütze, bis seine Kompanie über die zur Sprengung vorbereitete Brücke nachkommt und einen Brückenkopf bildet. »Oberleutnant Wolff hat durch seinen selbständigen Entschluss und durch sein unerschrockenes Zupacken die Voraussetzungen geschaffen, für den weiteren schnellen Vorstoß der gesamten 14. Panzer-Division.« Bei seinem »Sturmangriff« wird Wilhelm Wolff schwer verwundet, er stirbt an den Folgen einen Tag später. Das Ritterkreuz wird ihm posthum am 9.12.1943 verliehen.

Neben einem vorläufigen Besitzzeugnis, das im Erscheinungsbild während des Verleihungs-

Edles Handwerk: Urkundenmappe aus terrarotem Saffian mit handvergoldeten Kanten und eingeprägtem Hoheitsadler in Gold. Die Urkunde auf Pergament wird von Hitler persönlich unterschrieben. Nicht jeder Ritterkreuzträger erhält die Urkunde. Nach dem Krieg sollen sie nachgereicht werden. (Foto: Hermann Historica)

Das obligatorische Foto eines Ritterkreuzträgers für die Presse ist nach posthumer Verleihung immer eine Fotomontage. So wird auch Wilhelm Wolff ein Ritterkreuz an den Hals retuschiert. (Foto: Privat)

zeitraumes bei den Wehrmachtteilen variiert, erhalten die Ritterkreuzträger eine Urkunde. Geschrieben auf der dritten Seite eines Doppelblattes aus Pergament und in einer besonderen Mappe geschützt, sind das Hoheitszeichen und der Text in einem bräunlich gebrochenen Schwarz und der Name des Ritterkreuzträgers in erhabener Goldschrift ausgeführt. Die Urkunden werden in Mappen aus terrarotem Saffian mit handvergoldeten Kanten und eingeprägtem Hoheitszeichen in Gold eingelegt. Die Innenflächen der Mappen sind von Goldlinien eingefasste Pergamentspiegel. Generalfeldmarschälle erhalten eine besondere Urkundenmappe aus Maroquin in getöntem Rot mit breitem, in Handvergoldung ausgeführtem Ornament. Das geometrische Ornament zeigt ein verflochtenes Mäandermotiv mit eingesetztem Eisernen

Besondere Urkundenmappe für Ritterkreuzträger im höchsten Generalsrang. Sie kommen schon bei der ersten Verleihung des Ritterkreuzes am 30. September 1939 zur Aushändigung. (Archiv: Volker A. Behr)

Kreuz. Nur in den ersten Kriegsjahren bis etwa Ende 1943 werden die Urkunden in der Mappe von Hitler persönlich ausgehändigt. Danach erhält der Beliehene nur noch das Besitzzeugnis nach dem Umhängen des Ritterkreuzes an der Front. Die Mappen sollen nach Kriegsschluss nachgereicht werden.

Vorläufiges Besitzzeugnis des Ritterkreuzes für den Obergefreiten Hoffmann. Die erste Verleihung des RK an einen Mannschaftsdienstgrad erfolgt am 7. März 1941 an den Gefreiten und Pakschützen Hubert Brinkforth, für eine Tat, die fast ein Jahr zurückliegt. In der Nähe des französischen Dorfes Huppy schießt er am 27. Mai 1940 neun englische Panzer ab. (Archiv: Volker A. Behr)

Ritterkreuz zum Eisernen Kreuz aus der Fertigung der Firma Klein & Quenzer AG, Idar Oberstein. Der RK-Rahmen ist rückseitig oben mit dem Silbergehalt »800« punziert. Weiterhin ist der Sprungring mit »65«, der von der Präsidialkanzlei vergebenen Firmennummer, und mit »800« gepunzt. (Foto: Hermann Historica)

In dieser Form im Volletui mit Schutzkarton werden Ritterkreuze von den Herstellern an die Präsidialkanzlei zur weiteren Verteilung geliefert. Bei der Truppe wird das RK am Band, im würdigen Rahmen, dem Ritterkreuzträger umgehängt und dann getragen. Nur selten überleben Etui und Schutzverpackung das weitere Geschehen.
(Foto: Privat)

Großkreuz des Eisernen Kreuzes

Im Verlauf seiner Reichstagsrede in der Berliner Kroll-Oper am 19.Juli 1940 richtet Adolf Hitler ein letztes »Friedensangebot« an Großbritannien. Dann folgt die »Große Siegerehrung« für die erfolgreiche Wehrmacht. Seinen getreuen Paladin Hermann Göring ernennt Hitler zum Reichsmarschall und zeichnet ihn mit dem Großkreuz des Eisernen Kreuzes aus. Die Verdienste der Luftwaffe beim Westfeldzug, insbesondere der Sieg über Frankreich und die Vertreibung des britischen Expeditionskorps vom europäischen Festland schreibt Hitler zum großen Teil Göring und seiner Luftwaffe zu. Laut Verordnung vom 01.09.1939 ist das Großkreuz etwa doppelt so groß wie das Eiserne Kreuz 1. Klasse und hat statt der silbernen eine goldene Einfassung. Zur goldenen Einfassung hat Hitler traditionsbedingte Einwände. Es werden deshalb nur einige Muster des Großkreuzes mit vergoldetem Silberrahmen hergestellt. Außerdem entsprechen die realen Abmessungen von 63 mm nicht der Verordnungsvorgabe von 88 mm der doppelten EK-1-Größe. Alleinhersteller der über 100 produzierten Großkreuze ist die Firma C.E. Juncker in Berlin SW 68. Der größte Teil der Produktion ist von vorn herein für museale Ausstellungszwecke gedacht. Eines dieser Großkreuze lässt Hitler Hermann Göring umhängen. Doch der Paladin ist nicht nur treu, sondern auch eitel und mäkelt hinter vorgehaltener Hand an der Ausführung des Großkreuzes herum. Daraufhin werden zwei exquisite Großkreuze mit Onyxkernen und Platinrahmen angefertigt – Hitlers Geschenk an Göring zu dessen 50. Geburtstag am 12. Januar 1943.

Für Göring überzeugender sind dagegen die Urkunde und die Kassette seines Großkreuzes. Professor Dr. Hans Kiener beschreibt sie in seinem zeitgenössischen Aufsatz: »(...) Ein erlesenes Schmuckstück von höchster Vollendung ist die für die Verleihung des Großkreuzes des Ritterkreuzes an den Reichsmarschall gestaltete Urkunde und Kassette. Die ganz in erhabenem Gold geschriebene Pergamenturkunde ist in einem mit einem reichen Ornament handvergol-

Bezeichnung	Großkreuz des Eisernen Kreuzes
Auszeichnungstyp	Orden
Datum der Verordnung	01.09.1939
Stifter	Adolf Hitler als Oberster Befehlshaber der Wehrmacht
Veröffentlichung	RGBl. I vom 02.09.1939, Nr.159, S.1573
Verleihungsberechtigter	ausschließlich »Der Führer Adolf Hitler«
Verleihungsvoraussetzung	Eisernes Kreuz 2. und 1. Klasse oder die entsprechenden Spangen 1939 zum Eisernen Kreuz von 1914 sowie das Ritterkreuz
Leistung für die Verleihung	überragende Taten, die den Verlauf des Krieges entscheidend beeinflussen
Anzahl der Verleihungen	Eine Verleihung an Reichsmarschall Hermann Göring
Künstlerischer Entwurf	Ursprung: Karl Friedrich Schinkel 1813 nach einer Idee des Preußischen Königs Friedrich Wilhelm III.
Form und Tragweise	Schwarzes Tatzenkreuz mit Silberrand, am 57 mm breiten Band als Halsorden
Besitznachweis	Urkunde in Urkundenkassette
Verpackungsmittel	Volletui
Katalognummern	Nimmergut(Bd.4): 4995-4997, DOE(8):388-389, Niemann3: 7.03.01

deten Rahmen aus fliegergraublauem Maroquin gefasst. Die Kassette, auch aus dem gleichen graublauen Maroquin gearbeitet, hat durch strenge, in handgetriebenem Feuergold eingefasste Kanten eine kraftvolle Betonung. Mit ihrem beherrschenden handgetriebenen Mäanderornament aus Feuergold, durch ausgesuchte und in ihrer Wirkung besonders schön zusammengestimmte eingefügte Goldtopase mit Brillanten und mit ihrem durch das Auslegen des Hakenkreuzes mit Brillanten geschmückten Hoheitszeichen ist sie ins Festliche und Kostbare gesteigert. Die prachtvolle Gestaltung und meisterhafte Ausführung und das reizvolle farbige Zusammenspiel der edlen Materialien erheben die Kassette zu einem Kleinod deutscher Goldschmiedekunst.«

Ab Februar 1942 fotografiert Walter Frentz (1907-2004) im Auftrag Hitlers alle politischen und militärischen Größen, die sich im Führerhauptquartier zur Meldung einfinden. Die originären Portraits entstehen ungeschminkt und oft unter Zeitdruck. So auch das des abgespannten Reichsmarschalls mit seinem Onyx-Großkreuz, Ende 1943. (Foto: Walter Frentz, ullsteinbild)

»Dem Reichsmarschall des Großdeutschen Reiches Hermann Göring für seine Verdienste um Deutschlands Größe und zu seinem fünfzigsten Geburtstag – 12. Januar 1943«: Hitlers Geburtstagsgeschenk für Hermann Göring zu dessen Fünfzigstem. Zwei Großkreuze aus Onyx mit Platinrahmen in edel gestalteter Silberschatulle des Berliner Juweliers Wilm. In den Abmessungen 5 x 18,5 x 28,5 cm. (Foto: Hermann Historica)

Großkreuz zum Eisernen Kreuz aus der C.E.Juncker Fertigung. Die Masse der etwa 100 produzierten Großkreuze ist für Ausstellungszwecke vorgesehen, wie auch das abgebildete Exemplar.
(Foto: Archiv Volker A. Behr)

Sonderausführung des Großkreuzes, aus Onyx geschnitten mit gravierten Jahreszahlen und poliertem Platinrahmen. Gefertigt vom Juwelier Professor Herbert Zeitner, Berlin. Die Firma Moser aus Karlsbad liefert die Onyxplatten. Sie werden nach einem Entwurf von R. Rothemund in den Kunstgewerblichen Werkstätten Walter Brendel in Berlin zu den Onyxkernen verarbeitet. Rupert Kohlrus ist dort für die feinen Gravuren der Jahreszahlen zuständig.
(Foto: Hermann Historica)

Aufwändig gestaltete Kassette und Urkunde für das Großkreuz des Reichsmarschalls.
(Foto: Archiv Volker A. Behr)

Etui zum Großkreuz des Eisernen Kreuzes aus der Juncker-Fertigung. (Foto: Adrian Forman, Archiv Volker A. Behr)

Stern zum Großkreuz des Eisernen Kreuzes 1939

Dieser ist in der Verordnung zur Erneuerung des Eisernen Kreuzes von 1939 nicht vorgesehen. Das ist er auch zur Stiftung des Ehrenzeichens 1813 und bei der zweiten Erneuerung 1914 nicht. Trotzdem verleihen die Obersten Kriegsherren am 26.Juli 1815 Feldmarschall Blücher den »Blücherstern« für den Sieg bei Belle Alliance (Waterloo) und Generalfeldmarschall v. Hindenburg am 24.März 1918 den »Hindenburgstern« für die Große Schlacht in Frankreich. Einen ähnlichen Vorgang außer der Reihe fürchtet auch die Präsidialkanzlei des Führers und lässt vorsorglich einen goldenen Strahlenstern mit dem Eisernen Kreuz 1939 anfertigen. Die sogenannten Blücher- und Hindenburgsterne sind das Vorbild für die einmalige Fertigung Anfang 1941 des 85 mm messenden Sterns. Einziger möglicher Träger wäre der Reichsmarschall gewesen. Doch der erwies sich eines »Göring-sternes« nicht würdig. Bei der Verlegung der Präsidialkanzlei 1945 nach Schloss Klessheim nahe Salzburg ist auch dieser Stern im Etui mit im Gepäck. Nach dem Einmarsch der Amerikaner finden die Bestände an Auszeichnungen neue Liebhaber unter den GIs. Letztendlich gelangt der Stern zum Großkreuz 1949 in den Besitz des Museums der United States Military Academy in West Point, wo er bis heute aufbewahrt wird. (Foto: Dietrich Maerz)

Verwundetenabzeichen 1939

Die meisten Ergänzungen und Erweiterungen der Durchführungsbestimmungen aller Auszeichnungen der Kriegszeit sind beim Verwundetenabzeichen 1939 erfolgt. Die Frage, wer dieses wohl häufigste Ehrenzeichen verdient erhalten soll und die Definition von Verwundung und Beschädigung unter feindlicher Waffeneinwirkung beschäftigt die ausführenden Dienststellen über Jahre hinweg. Nur an Soldaten der Wehrmacht, Männer der Waffen-SS und Polizei, an Frauen, an Ausländer, Hilfswillige oder Angehörige der Ostvölker? Was ist eine Verwundung, und wo beginnt die Beschädigung von Körper und Seele? Zu klärende Fragestellungen, wobei traumatische Schäden der Menschen im Krieg seinerzeit ideologisch indiskutabel sind. Der deutsche Soldat ist »hart wie Kruppstahl, zäh wie Leder und schnell wie ein Windhund...«, er hat keine zu beschädigende Psyche, meint die NS-Ideologie.

Halb- und Volletuis (rechts für die Stufe in Gold) werden nur bei der Konfektionierung der silbernen und goldenen Stufen für den Verkauf durch den Ordenshandel verwendet. (Foto: Hermann Historica)

Bezeichnung	Verwundetenabzeichen vom 1. September 1939
Auszeichnungstyp	Ehrenzeichen in drei Stufen
Datum der Verordnung	01.09.1939
Stifter	Adolf Hitler als Führer und Reichskanzler
Veröffentlichung	RGBl. I vom 01.09.1939, S.1577-1578
Verleihungsbefugnis	Disziplinarvorgesetzter vom Bataillonskommandeur usw. an aufwärts oder entsprechende Sanitätsdienststelle des behandelnden Lazaretts
Verleihungsvoraussetzung	Schwarz: ein- und zweimalige Verwundung oder Beschädigung, Silber: drei und viermalige..., Gold: mehr als viermalige...
Leistung für die Verleihung	durch feindliche Waffeneinwirkung verwundet oder beschädigt
Anzahl der Verleihungen	unbekannt
Künstlerischer Entwurf	Bildhauer Eduard Hanisch-Concée, Berlin
Form und Tragweise	Ansteckabzeichen aus Metall, allein die höchste Stufe auf der linken Brustseite
Besitznachweis	Besitzzeugnis
Verpackungsmittel	Voll- oder Halbetui, Pappschachtel, Cellophan- oder Papierbeutel
Katalognummern	Nimmergut(Bd.4): 5142-5154, DOE(8): 457-462, Niemann(3): 7.04.13 – 7.04.15

Die erste Form des Verwundetenabzeichens 1939 unterscheidet sich vom Verwundetenabzeichen für Heeresangehörige des Ersten Weltkrieges lediglich durch die Hinzufügung des Hakenkreuzes auf dem Stahlhelm. Vielfältig sind die Herstellungsformen des Abzeichens, in erster Linie als blechgeprägte oder auch durchbrochene Abzeichen. Massiv erscheinende Abzeichen sind auf der Rückseite verbödet.
(Foto: Archiv Volker. A. Behr)

(oben rechts) Besitzzeugnisse des Verwundetenabzeichens 1939 sind in den ersten Kriegsjahren variantenreich gestaltet und folgen nur in ihrem Text den Vorgaben der Durchführungsbestimmungen der Wehrmachtteile.
(Foto: Andreas Thies)

(unten rechts) Neben der Standardisierung der Abzeichen erfolgt auch die Vereinheitlichung des Schriftbildes der Besitzzeugnisse mit einer grotesken Schrifttype. Hier eine Urkunde von 1942 in Frontausfertigung, von einem Abteilungskommandeur unterschrieben. (Foto: Kai Winkler)

Anfang 1940 erfolgt die Überarbeitung des Entwurfs der Verwundetenabzeichen durch den Bildhauer Eduard Hanisch-Concée. Im Auftrag der Präsidialkanzlei fertigt C. E. Junker in Berlin Vorlagenmuster, zu denen die Firma Steinhauer und Lück entsprechende Werkzeuge für die Fertigung herstellt. Sie werden für die zur Produktion ausgesuchten Firmen von der Präsidialkanzlei zur Verfügung gestellt. Zukünftig sind die Stufe in Schwarz eine Hohlprägung aus Eisenblech, und die Stufen Silber und Gold Massivprägungen aus Buntmetall (Tombak) versilbert oder vergoldet. Ab 1944 erfolgt die Massivfertigung in Feinzink, einem sogenannten Kriegsmetall.
(Foto: Archiv Volker. A. Behr)

In den letzten 2 Kriegsjahren sind die Besitzzeugnisse mit einer Blockschrifttype ausgeführt. Nach fünfmaliger Verwundung überreicht sie ein Oberstabsarzt im Reservelazarett Donaueschingen dem Verwundeten.
(Foto: Andreas Thies)

Kriegsverdienstkreuz 2. Klasse

Nach der Stiftung des Kriegsverdienstkreuzes (KVK) sind Hinweise nötig, um die Auszeichnung zu positionieren. So weisen die Oberbefehlshaber der Wehrmachtteile auf einige Besonderheiten hin: »…das KVK ist ein Orden und kein Massenerinnerungsabzeichen wie die Sudetenmedaille oder Ehrenzeichen wie die Dienstauszeichnung, auf das ein Anspruch erhoben werden könnte. Es besteht kein Anspruch auf das KVK. Sinngemäß gelten die für die Verleihung des Eisernen Kreuzes gegebenen engen Richtlinien. Nur ist „Tapferkeit vor dem Feind" durch „besondere Verdienste" ersetzt. « Nach Willen des Führers sollen die Verleihungen des Eisernen Kreuzes keiner zahlenmäßigen Begrenzung unterliegen. Daher bedeutet das KVK keinesfalls ein Ersatz für etwa fehlende Zuteilung von Eisernen Kreuzen. Beim Heer umfasst der Personenkreis, der für das KVK in Betracht kommt, alle rückwärtigen Einheiten des Feldheeres und die nicht unmittelbar und ausschlaggebend an der Truppenführung beteiligten Organe der Stäbe und das Ersatzheer. Mehrarbeit und Pflichterfüllung allein sind noch kein Anlass zur Verleihung des KVK. Es müssen besondere Leistungen und Verdienste vorliegen.

Bezeichnung	Orden des Kriegsverdienstkreuzes
Auszeichnungstyp	Orden in zwei Abstufungen (mit oder ohne Schwerter) in zwei Klassen
Datum der Verordnung	18.10.1939
Stifter	Der Führer Adolf Hitler
Veröffentlichung	RGBl. I vom 24.10.1939, Nr.209, S.2069-2073
Verleihungsbefugnis	Im Namen des Führers und Obersten Befehlshabers der Wehrmacht die Oberbefehlshaber der Wehrmachtteile und von Chef des Oberkommandos der Wehrmacht mit Übertragungsbefugnis bis zu den kommandierenden Generalen, Wehrkreis- und Luftgaubefehlshabern und Kommandeuren in entsprechender Dienststellung. Ab August 1940 bis zur Ebene der Divisionskommandeure und entsprechender Dienststellung
Leistung für die Verleihung	mit Schwertern: für besondere Verdienste beim Einsatz unter feindlicher Waffenwirkung oder für besondere Verdienste in der militärischen Kriegführung, ohne Schwerter: für besondere Verdienste bei Durchführung von sonstigen Kriegsaufgaben, bei denen ein Einsatz unter feindlicher Waffenwirkung nicht vorlag
Verleihungsvoraussetzung	Eine Verleihung des Eisernen Kreuzes (EK) von 1939 schließt die Verleihung des Kriegsverdienstkreuzes (KVK) aus. Bei nachträglicher Verleihung mit dem EK muss das KVK abgelegt werden (gilt bis Aug. 1941).
Anzahl der Verleihungen	mit Schwertern: 2,7 Mio. (Heer und Waffen-SS) gesamt 6 Mio. (geschätzt), ohne Schwerter: über 2 Millionen
Künstlerischer Entwurf	unbekannt
Form und Tragweise	Bronze getöntes achtspitziges Metallkreuz mit oder ohne Schwert mit rundem Mittelschild mit rot-weiß-schwarzem Band, nur das Band im zweiten Knopfloch von oben an der Uniform oder als Banddekoration an der Großen Ordensschalle. Jeweils ohne Schwerterauflage auf dem Band. Oder als Kleine Ordensschnalle, gegebenenfalls mit Schwerterauflage, über der oberen, linken Uniformbrusttasche
Besitznachweis	Besitzurkunde
Verpackungsmittel	Cellophan- oder Papierbeutel
Katalognummern	Nimmergut(Bd.4): 5101-5108, DOE(8): 448-449, Niemann(3): 7.04.07-7.04.08

Mit besonderer Bestimmung durch Hitler persönlich wird das Band des KVK 2. Klasse im Knopfloch der Uniform und an der Großen Ordensschnalle ohne Schwerterauflage getragen. Die Bestimmung gilt nicht für die Kleinen Ordensschnallen. (Foto: Archiv Volker A. Behr)

Die Ausfertigung der Besitzurkunden sind vom Text zwar genau vorgegeben, doch die grafischen Ausführungen variieren bei den Wehrmachtteilen. Da die Oberbefehlshaber ihre Verleihungsbefugnis nicht automatisch nach unten delegieren und eigentlich jede Urkunde unterschreiben müssten ist die Richtigkeit der Verleihung jeweils zu bestätigen. (Foto: Hermann Historica)

Relativ selten findet sich die Originalunterschrift eines Armeeoberbefehlshabers auf einer Besitzurkunde des KVK 2. Klasse. Hier hat Generaloberst Eduard Dietl persönlich unterschrieben. (Foto: Helmut Weitze)

Besitzurkunde für Angehörige der Luftwaffe vom Oberbefehlshaber der Luftwaffe, Reichsmarschall Hermann Göring, mit Bestätigung der Richtigkeit durch seinen Amtsleiter. (Foto: Kai Winkler)

Beim Erwähnen des Kriegsverdienstkreuzes ist im zeitgenössischen Sprachgebrauch immer das KVK ohne Schwerter gemeint. Der Abstufungszusatz »mit Schwertern« gibt dem zivilen Orden die militärische Aura. (Foto: Archiv Volker A. Behr)

Besitzurkunde für einen Hauptscharführer der Waffen-SS, unterschrieben von SS-Gruppenführer und Generalleutnant der Waffen-SS Felix Steiner. (Foto: Andreas Thies)

Kriegsverdienstkreuz 1. Klasse

Die Verleihung des Kriegsverdienstkreuzes beginnt nicht mit dem Stiftungsdatum. Viele ungeklärte Fragen zu den Verleihungsvoraussetzungen und zur Definition erforderlicher Leistungen führen zum vorläufigen Verleihungsstopp durch Hitler im Januar 1940. Erst Monate später wird die Verleihung des Kriegsverdienstkreuzes mit Schwertern an Wehrmachtsangehörige wieder gestattet.
Die Verleihung der einzelnen Klassen des KVK richtet sich lediglich nach den Verdiensten, sie ist nicht gebunden an Dienstgrad oder Dienststellung. Die Verleihung der 1. Klasse ohne vorherige Verleihung der 2. Klasse soll auf besonders hervorragende Verdienste beschränkt bleiben. In diesen Ausnahmefällen wird die 1. Klasse zusammen mit der 2. Klasse verliehen. Anhaltende Diskussionen führen schließlich zur Erweiterung der Klassen durch ein Ritterkreuz zum KVK und zur Einführung einer Kriegsverdienstmedaille.
Tapferkeit der Kämpfer ist leidlich einfach zu definieren, Verdienste dagegen weniger. Wenn die mindestens vierfache Zahl der Zureicher für die Kämpfer ihre Verdienste als Orden an der Brust sehen wollen, wird es kompliziert.

Bezeichnung	Orden des Kriegsverdienstkreuzes
Auszeichnungstyp	Orden in zwei Abstufungen (mit oder ohne Schwerter) in zwei Klassen
Datum der Verordnung	18.10.1939
Stifter	Der Führer Adolf Hitler
Veröffentlichung	RGBl. I vom 24.10.1939, Nr.209, S.2069-2073
Verleihungsbefugnis	Im Namen des Führers und Obersten Befehlshabers der Wehrmacht die Oberbefehlshaber der Wehrmachtteile und von Chef des Oberkommandos der Wehrmacht mit Übertragungsbefugnis bis zu den kommandierenden Generalen, Wehrkreis- und Luftgaubefehlshabern und Kommandeuren in entsprechender Dienststellung. Ab August 1940 bis zur Ebene der Divisionskommandeure und entsprechender Dienststellung
Verleihungsvoraussetzung	Träger des Kriegsverdienstkreuzes 2. Klasse. Eine Verleihung des Eisernen Kreuzes (EK) von 1939 schließt die Verleihung des Kriegsverdienstkreuzes (KVK) aus. Bei nachträglicher Verleihung mit dem EK muss das KVK abgelegt werden (gilt bis Aug. 1941).
Leistung für die Verleihung	mit Schwertern: für besondere Verdienste beim Einsatz unter feindlicher Waffenwirkung oder für besondere Verdienste in der militärischen Kriegführung, ohne Schwerter: für besondere Verdienste bei Durchführung von sonstigen Kriegsaufgaben, bei denen ein Einsatz unter feindlicher Waffenwirkung nicht vorlag
Anzahl der Verleihungen	mit Schwertern: 450 000, ohne Schwerter: 92 000
Künstlerischer Entwurf	unbekannt
Form und Tragweise	Silbern getöntes achtspitziges Steckkreuz aus Metall mit oder ohne Schwerter mit rundem Mittelschild, auf der linken Brustseite
Besitznachweis	Besitzurkunde
Verpackungsmittel	Volletui
Katalognummern	Nimmergut(Bd.4): 5092-5100, DOE(8): 444-447, Niemann(3): 7.04.05-7.04.06

Die Kriegsverdienstkreuze der 1. Klasse dürfen nicht gewölbt sein. Ab Mitte März 1941 ist als Befestigung an der Uniform statt mit der Nadel durch eine durch die Präsidialkanzlei vorgeschriebene Schraubscheibe erlaubt, genauso wie beim Eisernen Kreuz 1. Klasse. (Foto: Archiv Volker A. Behr)

Besitzurkunde für einen Luftwaffenangehörigen. Vom RMdL und OBdL Hermann Göring faksimiliert unterschrieben und von Chef des Luftwaffenpersonalamtes General Kastner-Kirdorf gegengezeichnet. (Foto: Helmut Weitze)

Besitzurkunde für ein KVK 1. Klasse. Ausgefertigt vom Oberkommando des Heeres und unterschrieben vom Generalquartiermeister General Eduard Wegner.
(Foto Kay Brüggemann)

Zwei Besitzurkunden zum KVK 1. Klasse aus dem Jahr 1944, ausgestellt vom Oberbefehlshaber der Kriegsmarine. Beachtenswert sind die unterschiedlichen Stifterformeln und die Listenführung des Marinepersonalamtes. Nach 343 Jahresverleihungen des KVK 1. Klasse mit Schwertern im Bereich der Kriegsmarine bis zum 20. April 1944, ist man am 1. September bei 3430 Verleihungen angekommen. (Fotos: Andreas Thies, Helmut Weitze)

KVK der 1. Klasse aus versilbertem Buntmetall. Herstellerkennzeichen sind nicht generell üblich, aber seit Mitte des Krieges durchaus die Regel. Hier hat die Firma C. F. Zimmermann aus Pforzheim, die Nummer 20 auf der Firmenliste der Präsidialkanzlei, auf der Nadel ihre Nummer eingeschlagen. (Foto: Archiv Volker A. Behr)

Die Ordenszeichen der 1. Klasse beim Eisernen Kreuz und beim Kriegsverdienstkreuz werden von den Ordensfabriken nur in Volletuis über die Präsidialkanzlei an die verleihenden Dienststellen und den Ordenshandel geliefert. (Foto: Hermann Historica)

1940 · Die Blitzkriege

Eichenlaub zum Ritterkreuz des EK

In der 1. Änderungsverordnung der Erneuerungsstiftung des Eisernen Kreuzes steht in Artikel 4 Absatz 3: »…Das Eichenlaub zum Ritterkreuz des Eisernen Kreuzes besteht aus einem silbernen Eichenlaub von drei Blättern, das auf der Bandspange aufliegt.« Nach der Verleihung des Ritterkreuzes zum Eisernen Kreuz kann das Eichenlaub für eine Tapferkeits- oder Führungsleistung verliehen werden, die die nochmalige Verleihung des Ritterkreuzes zur Folge gehabt hätte. Bei Heinz Strüning, als Nachtjäger, lässt sich das Prinzip einfach rechnen. Nach 23 Abschüssen erhält er das Ritterkreuz, nochmals diese Menge bringt ihn in die Nähe des Eichenlaubs, das er dann mit 50 Abschüssen erhält. 200 000 Bruttoregistertonnen versenkter Schiffsraum ist zum Beispiel die Verleihungsgröße für U-Boot Kommandanten. Feste Regeln lassen sich für die Verleihungspraxis nicht aufstellen. Nur weit überragenden Tapferkeitsleistungen ist der Maßstab für die Verleihung. Die geringe Zahl der Ausgezeichneten in einer Wehrmacht mit mehreren Millionen Mann spricht für sich. Überreicht wird das Eichenlaub von Hitler persönlich in einem Etui.

Dazu gibt es anfangs eine große Urkunde, die Prof. Dr. Hans Kiener zeitgenössisch beschreibt: »Die Urkunde wird auf die dritte Seite eines Doppelblattes Pergament geschrieben, Hoheitszeichen und Text bei den Ritterkreuzen in einem bräunlich gebrochenen Schwarz und der Name des Ritterkreuzträgers in erhabener Goldschrift. Bei der Verleihung des Eichenlaubes zum Ritterkreuz wird als Steigerung auch das Hoheitszeichen erhaben in Gold aufgelegt…Für die Eichenlaubträger des Ritterkreuzes liegen die Urkunden in einer Mappe aus antikem Pergament mit aufgelegtem, streng und edel geformtem Hoheitszeichen, das von Franz und Professor Hermann Wandinger entworfen und mit der Hand in Feuergold getrieben ist. Der Ton des Pergaments gibt mit dem Gold des plastischen Hoheitszeichens, dessen erhöhte Teile poliert sind, einen besonders schönen Klang. In die

Bezeichnung	Ritterkreuz des Eisernen Kreuzes mit Eichenlaub
Auszeichnungstyp	Orden
Datum der Verordnung	03.06.1940
Stifter	Adolf Hitler als Führer und Oberster Befehlshaber der Wehrmacht
Veröffentlichung	RGBl. I vom 10.06.1940, Nr.102, S.849
Verleihungsbefugnis	Adolf Hitler, nach Vorschlag durch die Truppe und Überprüfung durch die Personalämter der jeweiligen Wehrmachtteile.
Leistung für die Verleihung	wiederholte Tapferkeits- und Führungstaten in Ritterkreuzqualität
Verleihungsvoraussetzung	Ritterkreuz des Eisernen Kreuzes
Anzahl der Verleihungen	865 davon Heer: 500, Waffen-SS: 66, Luftwaffe: 239, Kriegsmarine: 52, Ausländer: 8
Künstlerischer Entwurf	unbekannt
Form und Tragweise	drei silberne Eichenblätter auf der Bandspange des Ritterkreuzes, Halsorden
Besitznachweis	vorläufiges Besitzzeugnis, Urkunde in Urkundenmappe
Verpackungsmittel	Volletui
Katalognummern	Nimmergut(Bd.4): 5014-5020, DOE(8): 400-404, Niemann(3): 7.03.07

Innenflächen der Mappen sind auch hier Pergamentspiegel mit handvergoldeter Einfassung eingefügt.« Die Urkundenmappen sind ab Mitte 1944 nicht mehr überreicht worden. Materialmangel zwingt zu Ausgabe der Urkunden nach Kriegsende. Mit der Bearbeitung der Ritterkreuz- und Eichenlauburkunden sowie der dazugehörigen Mappen und Kassetten ist Professor Gerdy Troost beauftragt. Unter ihrer Leitung werden die Urkunden von der Graphikerin Franziska Kobell und ihren Mitarbeitern mit der Hand geschrieben, die Kassetten und Mappen von der Handbuchbinderin Frieda Thiersch entworfen und von ihrer Werkstätte ausgeführt.

Eichenlaub zum Ritterkreuz des EK aus 900er Silber des Herstellers L/50. Dahinter verbirgt sich der teilkonzessionierte Ordenshersteller Gebr. Godet & Co, seinerzeit in Berlin W8, Jägerstraße 19 ansässig.
(Foto: Hermann Historica)

Ausgefertigt oder bestätigt werden die Vorläufigen Besitzzeugnisse von den Chefs der jeweiligen Personalämter. Hier von Generalleutnant Wilhelm Burgdorf, Chef des Heerespersonalamtes. (Foto: Archiv Volker A. Behr)

Das Eichenlaub zum Ritterkreuz ist auf der Bandspange des Halsordens gelötet. Durch die Bandspange wird das 45 mm breite Band des Ritterkreuzes gezogen. Praktischerweise tragen die Beliehenen nur ein Bandstück, das mit einer individuellen Gummibandkonstruktion schnell um den Hals unter dem Kragen von Hemd oder Uniformrock angelegt werden kann.
(Foto: Hermann Historica)

Beim Vorläufigen Besitzzeugnis von Reinhard Suhren ist der knappe Einjahreszeitraum vom Verleihungsdatum 31. Dezember 1941 bis zur Ausstellung des Vorläufigen Besitzzeugnisses am 30.November 1942 ungewöhnlich lang. Da hatte er schon die Schwerter verliehen bekommen. (Foto: Hermann Historica)

Mit dem 20.Juli 1944, dem Attentatsdatum auf Hitler, ein bemerkenswerte Verleihungstag. Hauptmann Heinz Strüning erhält nach 50 Abschüssen in der Nachtjagd und der Fernen-Nachtjagd das Eichenlaub verliehen. Überreicht wird ihm das Eichenlaub durch Hitler im September 1944. (Foto: Archiv Volker A. Behr)

Nicht alle mit dem Eichenlaub Beliehenen erhalten auch die künstlerisch anspruchsvolle Mappe mit Urkunde überreicht. Besonders Richtung Ende des Krieges bleiben ihnen als Besitznachweis nur die Eintragungen in den Personalpapieren und das Vorläufige Besitzzeugnis. (Foto: Hermann Historica)

In den meisten Fällen werden die höheren Stufen zum Ritterkreuz des EK von Hitler persönlich im Führerhauptquartier überreicht. Dem Beliehene drückt sein Oberster Befehlshaber dann ein rechteckiges, mit schwarz genarbtem Papier bezogenes Volletui mit dem entsprechenden Eichenlaub und einem längeren Bandabschnitt in die Hand. (Foto: Hermann Historica)

Narvikschild der Kriegsmarine (golden)

Das Unternehmen »Weserübung«, die Besetzung Dänemarks und Norwegens ab 9. April 1940, bringt für die drei Wehrmachtteile unerwartete Schwierigkeiten. Obwohl die deutschen Truppen vor den »anreisenden« Engländern die Nase nur um Stunden vorn haben, entbrennt um den wichtigen Erzhafen Narvik ein erbitterter Kampf. Dem ersten, für die Zerstörer der Kriegsmarine verlustreich verlaufenden Landungssieg folgte ein zweimonatiges Kampfgeschehen, mit zeitweise krisenhaften Situationen, in das die Luftwaffe massiv eingreifen muss. Für den hinhaltenden tapferen Widerstand der isolierten deutschen Truppen wird der Narvikschild gestiftet. »Zur Erinnerung an den heldenhaften Kampf, den die in echter Waffenbrüderschaft fechtenden Verbände des Heeres, der Kriegsmarine und der Luftwaffe siegreich bestanden haben, stifte ich den Narvikschild. Der Narvikschild enthält Edelweiß, Anker, Propeller und die Inschrift Narvik 1940 und wird von dem Hoheitszeichen gekrönt«. So Artikel eins und zwei der Stiftungsverordnung.

Traditionsgemäß ist Gold die Schmuckfarbe der deutschen Marineuniform. Also hat der Narvikschild für Angehörige der Kriegsmarine goldfarbene Tönung. (Foto: Archiv Volker A. Behr)

Bezeichnung	Narvikschild (goldfarben)
Auszeichnungstyp	Kampfabzeichen der Wehrmacht
Datum der Verordnung	19.08.1940
Stifter	Adolf Hitler als Führer und Oberster Befehlshaber der Wehrmacht
Veröffentlichung	RGBl. I vom 28.08.1940, Nr.154, S.1177
Verleihungsbefugnis	im Namen des Führers der Befehlshaber der Gruppe Narvik, General der Gebirgstruppen Eduard Dietl
Verleihungsvoraussetzung	ehrenvolle Beteiligung oder gefallen oder verstorben
Leistung für die Verleihung	Teilnahme an der Landung und den Kämpfen um Narvik vom 09.04. bis 09.06.1940, 24 Uhr. Im Gefechtsgebiet zwischen Rigsgränsen (Reichsgrenze), Oalge-Paß, Gratangsbotn einschl., Ofoten, Ostrand Skjomen und Norddalen.
Anzahl der Verleihungen	3.611 (davon 433 an Gefallene)
Künstlerischer Entwurf	Kunstmaler und Graphiker Prof. Richard Klein, München
Form und Tragweise	Metallschild auf marineblauer Stoff- oder Filzunterlage, angenäht auf der Mitte des linken Oberarms der Uniform oberhalb von Laufbahnabzeichen
Besitznachweis	Besitzzeugnis
Verpackungsmittel	Cellophan- oder Papierbeutel
Katalognummern	Nimmergut(Bd.4): 5181-5182, DOE(8):483, Niemann(3): 7.05.01a

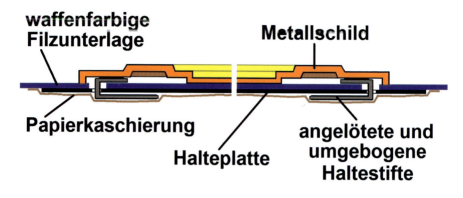

Schnitt durch den Narvikschild

Für die Möglichkeit des Annähens eines Metallabzeichens an die Uniform, oft von nicht gerade handarbeitsgeschickten Soldatenhänden, müssen sich die Hersteller der Kampfschilde etwas einfallen lassen. Der schematische Schnitt durch einen Narvikschild zeigt das Prinzip der Umsetzung.
(Zeichnung: Volker A. Behr)

Die Angehörigen gefallener Narvikkämpfer erhalten ein Exemplar des Ärmelschildes und ein Besitzzeugnis der posthumen Verleihung per Post. Die Verleihung von Auszeichnungen an gefallene Helden geht Hitler gegen seinen ideologischen Strich. Er muss für die Billigung von Fall zu Fall überzeugt bzw. überredet werden. Posthume Verleihungen sind im Zweiten Weltkrieg seltene Ausnahmen.
(Foto: Archiv Volker A. Behr)

Besitzzeugnis des Narvikschildes in goldfarbener Form für den Matrosen Obergefreiten Wilhelm Hopf, der zur Besatzung des Zerstörers »Hermann Künne« gehört. Er wird an Land bei der Kampfgruppe Dietl eingesetzt.
(Foto: Archiv Volker A. Behr)

Narvikschild für Heer und Luftwaffe (silbern)

Der 30. Januar 1941 ist der Stichtag für die Verleihung des Narvikschildes an Luftwaffenangehörige. Als Flugzeugführer hat Feldwebel Strüning (siehe Besitzzeugnis) in der Zeit ab 11. April bis 9. Juni 1940 Einsätze über Narvik geflogen. Mit der Besetzung Norwegens und nach der Eroberung des Fliegerhorstes Stavanger/Sola durch Fallschirmjäger verlegt sein (Zerstörer-) Kampfgeschwader 30 von Westerland nach Sola. Angriffe auf britische Seestreitkräfte sind das »Geschäft« des Geschwaders. Von Drontheim aus fliegen die Ju 88-Schnellbomber des (Z.)K.G. 30 dann vermehrt Geleitschutz für die Transportmaschinen, die Narvik aus der Luft versorgen.

Der einheitliche Verleihungstag des Narvikschildes für die meisten Verleihungen

Für Heeres- und Luftwaffenangehörige hat der Schild eine silberfarbene Tönung
(Foto: Archiv Volker A. Behr)

Bezeichnung	Narvikschild (silberfarben)
Auszeichnungstyp	Kampfabzeichen der Wehrmacht
Datum der Verordnung	19.08.1940
Stifter	Adolf Hitler als Führer und Oberster Befehlshaber der Wehrmacht
Veröffentlichung	RGBl. I vom 28.08.1940, Nr.154, S.1177
Verleihungsbefugnis	im Namen des Führers der Befehlshaber der Gruppe Narvik, General der Gebirgstruppen Eduard Dietl
Verleihungsvoraussetzung	ehrenvolle Beteiligung oder gefallen oder verstorben
Leistung für die Verleihung	Teilnahme an der Landung und den Kämpfen um Narvik vom 09.04. bis 09.06.1940, 24 Uhr. Im Gefechtsgebiet zwischen Rigsgränsen (Reichsgrenze), Oalge-Paß, Gratangsbotn einschließlich, Ofoten, Ostrand Skjomen und Norddalen.
Anzahl der Verleihungen	2.750 Heer (davon 152 an Gefallene), 2.161 Luftwaffe (davon 56 an Gefallene und Vermisste)
Künstlerischer Entwurf	Kunstmaler und Graphiker Prof. Richard Klein, München
Form und Tragweise	Metallschild auf feldgrauer oder blaugrauer Filzunterlage, angenäht nur am linken Oberarm der Feldbluse
Besitznachweis	Besitzzeugnis
Verpackungsmittel	Cellophan- oder Papierbeutel
Katalognummern	Nimmergut(Bd.4): 5179-5180, DOE(8):481-482, Niemann(3): 7.05.01b

an fliegendes Personal der Luftwaffe erklärt sich durch die zentrale Bearbeitung beim Luftflottenkommando 5. Die Anträge wurden dort bis zum 1. November 1940 gesammelt und auf Rechtmäßigkeit überprüft. Danach erfolgt die Vorlage aller vorbereiteten Besitzzeugnisse zur Unterschrift beim General der Gebirgstruppen Dietl. Die Antrag stellenden Truppenteile überreichen danach jeweils drei Narvikschilde an den Beliehenen.

Angehörige der Luftwaffe erhalten ein optisch variantes Besitzzeugnis im Vergleich zu Heer und Kriegsmarine (Foto: Hermann Historica)

Die feldgraue (Heer) oder blaugraue (Luftwaffe) überstehende Nadelfilzunterlage dient zum Annähen des Schildes an den Uniformärmel. Mit vier Splinten wird der hohlgeprägte Metallschild durch Stoffunterlage gestochen und auf einer Halteplatte fixiert. (Fotos: Archiv Volker A. Behr)

Ritterkreuz des Kriegsverdienstkreuzes

Am 20. Mai 1942 melden die deutschen Zeitungen unter der Überschrift: »Der erste Ritterkreuzträger der Arbeit (…).Der Sonderbeauftragte des Führers, der junge Gefreite, Ritterkreuzträger Hans Krohn, der unmittelbar von der Ostfront kam, brachte mit den Grüßen des Führers den Dank der kämpfenden Front an die schaffende Heimat. Er überbrachte dem Obermeister in einem Rüstungsbetrieb, Franz Hahne, das Ihm vom Führer verliehene Ritterkreuz zum Kriegsverdienstkreuz…«. Diesem Festakt im Mosaiksaal der Neuen Reichskanzlei vorangegangen ist die erste Erweiterung der Verordnung über die Stiftung des Kriegsverdienstkreuzes vom 18. Oktober 1939. Am 27. Mai 1942 erfolgt die erste Verleihung des Ritterkreuzes mit Schwertern an den Militärattaché in Washington, General der Artillerie Friedrich von Bötticher. Die letzte Verleihung des Ritterkreuzes zum KVK mit Schwertern datiert vom 2. Mai 1945. Korvettenkapitän Otto Salmann, Chef der Ausbildungsabteilung beim Kommando der U-Boote, ist der Ausgezeichnete.

Bezeichnung	Ritterkreuz des Kriegsverdienstkreuzes
Auszeichnungstyp	Orden in zwei Abstufungen (mit oder ohne Schwerter)
Datum der Verordnung	19.08.1940
Stifter	Der Führer Adolf Hitler
Veröffentlichung	RGBl. I vom 28.08.1940, Nr.154, S.1178-1179
Verleihungsbefugnis	Verleihungen hat sich der Führer persönlich vorbehalten. Vorschläge durch die Oberbefehlshaber der Wehrmachtteile und von Chef des Oberkommandos der Wehrmacht an Hitler unmittelbar. Vorschläge von den Chefs der Obersten Reichsbehörden über den Chef der Präsidialkanzlei zur Vorlage beim Führer.
Verleihungsvoraussetzung	Auszeichnung mit dem Kriegsverdienstkreuz 1. und 2. Klasse der jeweiligen Abstufung
Leistung für die Verleihung	mit Schwertern: für überragende Verdienste von entscheidender Auswirkung für die Kriegsführung, ohne Schwerter: für überragende Verdienste von entscheidender Auswirkung für die Durchführung von Kriegsaufgaben.
Anzahl der Verleihungen	mit Schwertern: 174, ohne Schwerter: 52
Künstlerischer Entwurf	unbekannt
Form und Tragweise	achtspitziges Metallkreuz aus 900er Silber mit oder ohne Schwerter und mit rundem Mittelschild (größer als das KVK 2. Klasse) am rot-weiß-schwarzem Band (45 mm breit) als Halsorden
Besitznachweis	vorläufiges Besitzzeugnis, Besitzurkunde
Verpackungsmittel	Volletui
Katalognummern	Nimmergut(Bd.4): 5085-5090, DOE(8): 442-443, Niemann(3): 7.04.03-7.04.04

Ritterkreuz des KVK mit Schwertern aus Silber. Der Blick auf den unteren Ausschnitt des Kreuzarmes zeigt rechts die Ziffer »1«, als Marke der Fertigung von Deschler & Sohn. Links ist mit »900« der Silbergehalt des Ordenskreuzes punziert. Die Münchener Ordensfabrik kennzeichnet so ihre Ritterkreuze zum KVK mit und ohne Schwerter.
(Foto: Hermann Historica)

Volletuis der abgebildeten Art verwenden die Hersteller beider Stufen des Ritterkreuzes zum KVK zur Konfektionierung für die Übergabe bei der Verleihung und für den Ordenshandel. Das gilt für die Firmen Deschler & Sohn aus München und Zimmermann aus Pforzheim, die ihre Ritterkreuze statt mit der Ziffer »1« mit »20« punziert.
(Foto: Hermann Historica)

Bemerkenswert ist die Ausgabe von zwei vorläufigen Besitzzeugnissen die Oberleutnant Römer erhält. Das kleine Zeugnis im DIN A 5 Format entspricht der Handhabung beim Ritterkreuz zum EK und seinen Stufen. Die Reproduktion des großen Vorläufigen Besitzzeugnisses (210 x 296 mm) mit dem Satz »Die Besitzurkunde folgt nach« lässt eine Mangelsituation bei den aufwändigen Urkunden im Juni 1944 vermuten.
(Foto: Archiv Volker A. Behr)

Wie beim KVK 1. und 2. Klasse sind die Verleihungen der Stufe ohne Schwerter wesentlich seltener als die mit Schwertern. Nur 52 Ritterkreuze des KVK der rein zivilen Stufe gelangten an den Hals von Rüstungsarbeitern, Bauern und anderen Vorbildern der materiellen Kriegsproduktion. Im Gegensatz zur längst geriffelten Bandspange der Schwerterstufe ist die Oberfläche der Bandspange der Stufe ohne Schwerter glatt ausgeführt.
(Foto: Helmut Weitze)

Die Mappen und die Besitzurkunden für das Ritterkreuz des KVK sind künstlerisch ähnlich anspruchsvoll wie beim Ritterkreuz des Eisernen Kreuzes. Dort mit terrarotem und hier mit blauem Saffian Leder ausgeführt. Genauso wie beim Ritterkreuz des EK erhalten nicht alle Beliehenen von Hitler eine Mappe mit Urkunde über reicht. Der Grund ist unbekannt. Von Überlastung der ausführenden Künstler bis Materialmangel oder Terminlast des Führers – es bleibt ein breites Spektrum der Vermutungen.
(Foto: Volker A. Behr)

Kriegsverdienstmedallle

Seit Stiftung des Kriegsverdienstkreuzes sind nicht wenige Kriegsteilnehmer der Meinung, dass es sich beim KVK um die allgemeine Auszeichnung für die Verdienste der Kriegsbeteiligten handelt. Die Ordensbezeichnung und die Stufeneinteilung ohne und mit Schwertern lässt diesen Schluss durchaus zu. Immer wieder müssen die Verleihungsdienststellen das allgemeine Missverständnis durch Klärung in den Durchführungsbestimmungen ausräumen. Noch schwieriger wird der Erläuterungsnotstand bei der Stiftung der Kriegsverdienstmedaille: »Die Verleihung des KVK 2. Klasse hat nicht die die Verleihung der Kriegsverdienstmedaille zur Voraussetzung« Die Medaille ist also nicht in die Klassen des KVK einzuordnen. »…die Verleihung einer

Die Vorderseite der bronzefarbenen Kriegsverdienstmedaille zeigt ein KVK ohne Schwerter. Damit wird der Charakter als zivile Auszeichnung unterstützt. Sie darf an Männer wie an Frauen gleichermaßen verliehen werden. Obwohl Ordensverleihungen an Frauen überhaupt nicht in das ideologische Weltbild der Nazis passt.
(Foto: Archiv Volker A. Behr)

Bezeichnung	Kriegsverdienstmedaille
Auszeichnungstyp	Ehrenzeichen
Datum der Verordnung	19.08.1940
Stifter	Der Führer Adolf Hitler
Veröffentlichung	RGBl. I vom 28.08.1940, Nr.154, S.1178-1179
Verleihungsbefugnis	Im Namen des Führers und Obersten Befehlshabers der Wehrmacht die Oberbefehlshaber der Wehrmachtteile und von Chef des Oberkommandos der Wehrmacht mit Übertragungsbefugnis bis zur Ebene der Divisionskommandeure und entsprechender Dienststellung
Leistung für die Verleihung	verdienstvolle Tätigkeit bei der Durchführung von Kriegsaufgaben. Im Rahmen des Heeres ist zum Beispiel eine sechsmonatige Arbeit, vornehmlich in der Rüstungsindustrie, Voraussetzung.
Verleihungsvoraussetzung	Würdigkeit
Anzahl der Verleihungen	über 4 Millionen
Künstlerischer Entwurf	unbekannt
Form und Tragweise	runde, bronzierte Medaille am Band des Kriegsverdienstkreuzes mit schmalen rotem Längsstreifen im schwarzen Mittelfeld des Bandes, nur das Band im zweiten Knopfloch von oben an der Uniform oder als Banddekoration an der Großen Ordensschnalle oder als Kleine Ordensschnalle über der oberen, linken Uniformbrusttasche
Besitznachweis	Besitzurkunde
Verpackungsmittel	Cellophan- oder Papierbeutel
Katalognummern	Nimmergut(Bd.4): 5108-5109, DOE(8): 450, Niemann(3): 7.04.09

Kriegsdenkmünze nach dem Krieg ist vorgesehen für sämtliche männlichen Angehörigen der Wehrmacht, Teile der Waffen-SS und Polizei soweit sie von 1.9.1939 bis Kriegsende Kriegsteilnehmer gewesen sind...Die Verleihung der Kriegsdenkmünze nach dem Krieg schließt die Verleihung der Kriegsverdienstmedaille aus.« Also wieder keine allgemeine Auszeichnung für Kriegsteilnehmer. Ausnahmsweise darf die Kriegsverdienstmedaille dafür an weiblich Kriegsbeteiligte mit entsprechendem Verdienst verliehen werden.

»Im Namen des Führers hat das Oberkommando des Heeres...« – bemerkenswerte und unübliche Formulierung auf der Besitzurkunde für eine Nachrichtenoberhelferin. (Foto: Helmut Weitze)

Besitzurkunde der Kriegsverdienstmedaille für eine DRK-Hilfsschwester im Einsatz bei der Kriegsmarine in Frankreich an der Atlantikküste. (Foto: Andreas Thies)

1941 · Feldzug in Russland

Eichenlaub mit Schwertern

Nach zwei Jahren Ritterkreuzverleihungen erfordert der Kriegsverlauf die erneute Stufenerweiterung. In der 2. Änderungsverordnung über die Erneuerung des Eisernen Kreuzes werden gleich zwei zusätzliche Ritterkreuzstufen bekannt gegeben. Die Einteilung wird um das Eichenlaub mit Schwertern und das Eichenlaub mit Schwertern und Brillanten erweitert. Die erste Verleihung der Schwerter erfolgt rückwirkend zum 21.Juni 1941 an Oberstleutnant Adolf Galland, Gruppenkommandeur im Jagdgeschwader 26. Hitler überreicht ihm neben dem Ordenszeichen die extra für den Zweck hergestellte Urkunde in einer besonderen Kassette. Sie wird von Prof. Dr. Hans Kiener zeitgenössische beschrieben: »…Die Urkunde wird auf die dritte Seite eines Doppelblattes Pergament geschrieben Für die Eichenlaubträger mit Schwertern wird der Text in einem warmen Rot geschrieben und Name und Hoheitszeichen in Gold gehalten….Sie ist in eine reich ausgestattete Kassetten eingelegt, ausgeführt in antikem Pergament mit aufgelegtem Hoheitszeichen und geometrischem Ornament, einer kunstvollen Treibarbeit in Feuergold. Das wohl ausgewogene straffe Ornament und das kraftvolle Hoheitszeichen verbinden sich zu einer geschlossenen wirkungsvollen Einheit. Die in diese Kassette eingelegte Urkunde ist eingefasst von einem Rahmen aus antikem Pergament mit Handvergoldung, (…)«.

Eichenlaub mit Schwertern auf der Bandspange des Ritterkreuzbandes. Auf der Rückseite ist links die Punze des 900er Silbergehalts eingeschlagen und rechts die Zulassungsnummer der Präsidialkanzlei für den Hersteller 21, Gebrüder Godet & Co. in Berlin.
(Foto: Hermann Historica)

Bezeichnung	Ritterkreuz des Eisernen Kreuzes mit dem Eichenlaub mit Schwertern
Auszeichnungstyp	Orden
Datum der Verordnung	28.09.1941
Stifter	Der Führer Adolf Hitler
Veröffentlichung	RGBl. I vom 04.10.1941, Nr.114, S.613
Verleihungsberechtigter	Adolf Hitler, nach Vorschlag durch die Truppe und Überprüfung durch die Personalämter der jeweiligen Wehrmachtteile.
Leistung für die Verleihung	wiederholte Tapferkeits- und Führungstaten in Ritterkreuzqualität nach der Verleihung des Eichenlaubs zum Ritterkreuz
Verleihungsvoraussetzung	Ritterkreuz des Eisernen Kreuzes mit Eichenlaub
Anzahl der Verleihungen	148 davon Heer: 68, Waffen-SS: 20, Luftwaffe: 54, Kriegsmarine: 5, Ausländer: 1
Künstlerischer Entwurf	unbekannt
Form und Tragweise	drei silberne Eichenblätter über zwei silberne gekreuzte Schwerter auf der Bandspange des Ritterkreuzes, Halsorden
Besitznachweis	Vorläufiges Besitzzeugnis und oder Urkunde in Urkundenkassette
Verpackungsmittel	Volletui
Katalognummern	Nimmergut(Bd.4): 5004-5013, DOE(8): 395-399, Niemann3: 7.03.06

Größenvergleich des Eichenlaub mit Schwertern im Verhältnis zum 45 mm breiten Ritterkreuzband
(Foto: Andreas Thies)

Von den Ordensherstellern konfektioniertes Eichenlaub mit Schwertern im Volletui mit Bandabschnitt. So wird die hohe Auszeichnung durch die Präsidialkanzlei dem Führer zum Überreichen zur Verfügung gestellt.
(Foto: Andreas Thies)

Kassette und Urkunde zum Eichenlaub mit Schwertern, die Kapitänleutnant Reinhard Suhren von Hitler überreicht bekommt. (Foto: Hermann Historica)

Hoheitsadler und Name in Gold. Handgeschriebener Text auf der dritten Seite eines Pergamentdoppelblattes in einem warmen Rot. Die Urkunde für Eichenlaubträger mit Schwertern. Hier für Uboot-Kommandant Kapitänleutnant Reinhard Suhren. (Foto: Hermann Historica)

Deckel der Kassette für die Urkunde des Eichenlaub mit Schwertern. Sie ist für alle Exemplare von gleicher Machart mit feuervergoldetem Mäanderband und Hoheitsadler nach einem Entwurf von Professor Hermann Wandinger. (Foto: Hermann Historica)

Zusammenstellung von Blancos Vorläufiger Besitzzeugnisse der Eichenlaubstufen für Angehörige der Luftwaffe (Foto: Volker A. Behr)

Eichenlaub mit Schwertern und Brillanten

Der Artikel 4 Absatz 3 der »Zweiten Verordnung zur Änderung der Verordnung über die Erneuerung des Eisernen Kreuzes vom 28. September 1941« lautet: »Das Eichenlaub zum Ritterkreuz des Eisernen Kreuzes besteht aus einem silbernen Eichenlaub von drei Blättern, das auf der Bandspange aufliegt. Das Eichenlaub mit Schwertern zeigt unter den drei silbernen Blättern zwei gekreuzte Schwerter. Bei dem Eichenlaub mit Schwertern und Brillanten sind die drei silbernen Blätter und die Schwertgriffe mit Brillanten besetzt.«

Doch nicht nur das Ordenskleinod aus Platin mit Brillanten besetzt ist wertvoll und edel, sondern auch die jeweiligen Urkunden mit ihren Mappen sind künstlerisch herausragend gestaltet. Hier sei nochmals Professor Kiener zitiert: »…Bei der Urkunde der höchsten Auszeichnung, die der Führer verleiht, den Schwertern und Brillanten zum Eichenlaub des Ritterkreuzes, ist das Hoheitszeichen und der ganze Text in erhabenem Gold durchgeführt. Die erhabene Goldschrift, die ein hohes Können und eine große Einfühlung erfordert, ist die wertvollste Steigerung; der ganz in Gold geschriebenen Urkunden gibt sie vornehmen Klang und festliche Würde. Bei jeder einzelnen Urkunde wird sorgfältig unter Berücksichtigung der verschiedenen Namen und Titel die Höhe und Länge der Zeilen gegeneinander abgewogen und der Schriftblock zusammengestimmt. Die Kassetten werden für die Luftwaffe in graublauem, für das Heer in terrarotem, für die Marine in dunkelblauem Maroquin angefertigt und mit Kanteneinfassung sowie mit aufgelegtem Hoheitszeichen und breitem geometrischem Ornament in subtilster, wertvoller Feuergoldtreibarbeit geschmückt. Das Hakenkreuz des Hoheitszeichens ist mit Brillanten ausgelegt und gibt damit dem Ganzen eine kostbare Steigerung. Die Urkunden sind eingefasst von einem Maroquinrahmen in der Farbe der Kassetten, dessen geometrisches Ornament in Handvergoldung einen wirkungsvollen Abschluss bildet.«

Bezeichnung	Ritterkreuz des Eisernen Kreuzes mit dem Eichenlaub mit Schwertern und Brillanten
Auszeichnungstyp	Orden
Datum der Verordnung	28.09.1941
Stifter	Der Führer Adolf Hitler
Veröffentlichung	RGBl. I vom 04.10.1941, Nr.114, S.613
Verleihungsberechtigter	Adolf Hitler, nach Vorschlag durch die Oberbefehlshaber der Wehrmachtteile.
Verleihungsvoraussetzung	Ritterkreuz des Eisernen Kreuzes mit Eichenlaub und Schwertern
Leistung für die Verleihung	wiederholte Tapferkeits- und Führungstaten in Ritterkreuzqualität nach der Verleihung des Eichenlaubs mit Schwertern
Anzahl der Verleihungen	27 davon Heer: 11, Waffen-SS: 2, Luftwaffe: 12, Kriegsmarine: 2
Künstlerischer Entwurf	unbekannt
Form und Tragweise	drei silberne brillantenbesetzte Eichenblätter über zwei silberne gekreuzte, brillantenverzierte Schwerter auf der Bandspange des Ritterkreuzes, Halsorden
Besitznachweis	vorläufiges Besitzzeugnis, Urkunde in Urkundenkassette
Verpackungsmittel	Volletui
Katalognummern	Nimmergut(Bd.4): 5000-5003, DOE(8): 392-394, Niemann3: 7.03.05

»Formen und Farbklang der künstlerischen Arbeiten der Kassetten fügen sich in vollendeter Harmonie und Schönheit zusammen…« so Prof. Dr. Hans Kiener. Hier die Kassette der Brillantenurkunde für einen Angehörigen der Luftwaffe in abweichender Farbe. Statt in blaugrauem Maroquin ist Material mit braunem Farbton verwendet worden. (Foto: Hermann Historica)

Ganz in Gold gefasst und geschrieben. Große Urkunde für die »Brillanten« an den Nachtjäger Oberstleutnant Helmut Lent. (Foto: Hermann Historica)

Urkunde und Kassette für den berühmten Panzerkommandeur Oberst Adalbert Schulz unter Verwendung von terrarotem Maroquin-Leder, wie es für die Kassetten für Heeresangehörige vorgesehen ist.
(Foto: Archiv Volker A. Behr)

Alleinhersteller des Eichenlaub mit Schwertern und Brillanten ist die Juwelierfirma von Otto Klein in Hanau, die es übrigens heute noch gibt. Sie fertigt die Kleinodien aus 950. Platin, mit von der Präsidialkanzlei zugeteilten Brillanten. »Der Spiegel« behauptet in einem Artikel 1958, diese Brillanten seien jüdischen Diamantenhändlern nach der Hollandbesetzung »abgenommen« worden. (Foto: Volker A. Behr)

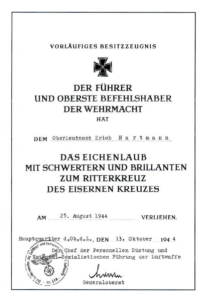

Vorläufiges Besitzzeugnis des Eichenlaub mit Schwertern und Brillanten für Oberleutnant Erich Hartmann, Staffelkapitän 9/J.G.52. Mit über 300 Abschüssen der erfolgreichste Jagdflieger des Zweiten Weltkrieges und wohl aller Zeiten. (Foto: Archiv Volker A. Behr)

Mit Ausnahme des Goldenen Eichenlaubs gibt es bei den Verleihungsetuis für die Eichenlaubstufen keine großen Unterschiede. Sie sind ohne jeglichen Aufdruck in schwarzem Farbton schlicht gehalten. (Foto: Volker A. Behr)

Deutsches Kreuz in Gold

Zwischen der Verleihung des Eisernen Kreuzes 1. Klasse und dem Ritterkreuz des EK klafft eine Lücke, das haben zwei Jahre Krieg gezeigt. Mehrfache Leistungen, jeweils entsprechend einer Verleihung des Eisernen Kreuzes 1. Klasse, jedoch ohne die Merkmale einer ritterkreuzwürdigen Tapferkeitstat, bleiben unbelohnt. Um den Mangel zu beheben, stiftet Hitler als Oberster Befehlshaber der Wehrmacht am 28. September 1941 den »Kriegsorden des Deutschen Kreuzes«. Das Deutsche Kreuz, wie es verkürzt genannt wird, kommt in zwei Abteilungen zur Verleihung. In Gold für »vielfach bewiesene außergewöhnliche Tapferkeit oder für vielfache hervorragende Verdienste in der Truppenführung«. In Silber wird es verliehen für vielfache außergewöhnliche Verdienste in der militärischen Kriegführung. »Vielfach« bedeutete zum Beispiel für Oberfeldwebel Heinz Strüning, dass er nach seinem 19. Luftsieg zum Deutschen Kreuz in Gold vorgeschlagen wird. Bei den Jägern und Nachtjägern sind die Abschüsse die Messlatte der Tapferkeit. »Jägerasse« erhalten in der Regel vor dem Ritterkreuz das Deutsche Kreuz in Gold.

Die irritierende Bezeichnung des Ordenssterns als Kreuz bezieht sich auf das überprägnante Hakenkreuz, dem »Deutschen Kreuz der Nazis«; in der Landser-Sprache auch »Gesinnungsrückstrahler für Kurzsichtige« genannt.

Die Volletuis für das Deutsche Kreuz in Gold sind an der Deckeloberkante mit einer goldenen Zierlinie ausgestattet. Hier die Konfektionierung des Ordensherstellers Zimmermann aus Pforzheim der seine Kreuze mit einer eingeschlagenen »20« auf der Innenseite der Nadel kennzeichnet. (Foto: Archiv Volker A. Behr)

Bezeichnung	Kriegsorden des Deutschen Kreuzes, Ausführung in Gold
Auszeichnungstyp	Orden
Datum der Verordnung	28.09.1941
Stifter	Adolf Hitler als Führer und Oberster Befehlshaber der Wehrmacht
Veröffentlichung	RGBl. I vom 02.10.1941, Nr.111, S.293
Verleihungsbefugnis	die Oberbefehlshaber der Wehrmachtteile und der Chef des Oberkommandos der Wehrmacht
Leistung für die Verleihung	vielfache Tapferkeitstaten oder vielfache Verdienste in der Truppenführung
Verleihungsvoraussetzung	Eisernes Kreuz 1. Klasse oder Spange zum EK 1. Klasse
Anzahl der Verleihungen	25.964 davon: Heer 15 959, Luftwaffe 7 540, Kriegsmarine 1 425, Waffen-SS 985, Polizei 52, Zivilisten 3 (Kapitäne von Handelsschiffen)
Künstlerischer Entwurf	Prof. Richard Klein nach Vorgaben von Adolf Hitler
Form und Trageweise	Ordensstern, gesteckt auf der rechten Brustseite
Besitznachweis	Vorläufiges Besitzzeugnis, Urkunde
Verpackungsmittel	Volletui
Katalognummern	Nimmergut(Bd.4): 5118-5127, DOE(8):452, Niemann(3): 7.04.10

Die Randplatte mit dem Hakenkreuz, der Lorbeerkranz und die zwei Sterne des Deutschen Kreuzes werden durch Nieten zusammengehalten. Für die Entwicklungsherstellung mit aufwendigem Fertigungsweg zeichnet die Firma Deschler & Sohn verantwortlich Sie stempelt ihre Deutschen Kreuze mit der Ziffer »1« auf der Nadel (rechts). Die Teile des Kreuzes von Godet aus Berlin werden, entgegen der Herstellungsvorschrift mit sechs Nieten verbunden (links und Mitte).
(Foto: Hermann Historica)

Urkunde des Deutschen Kreuzes in Gold für einen Angehörigen des Heeres. Als seinerzeitiger Oberbefehlshaber des Heeres hätte sie Hitler unterschreiben müssen. Doch dies überlässt er dem Chef des Oberkommandos der Wehrmacht Generalfeldmarschall Keitel. Kraft seiner Dienststellung ist auch er mit der Verleihungsbefugnis ausgestattet. (Foto: Archiv Volker A. Behr)

Die Urkunden zum Deutschen Kreuz in Gold der Luftwaffe sind nur mit der faksimilierten Unterschrift ihres Oberbefehlshabers Göring versehen. Beglaubigt wird die Verleihung durch den jeweiligen Chef des Luftwaffenpersonalamtes, hier Generaloberst Bruno Loerzer.
(Foto: Hermann Historica)

Vorläufiges Besitzeugnis

Im Namen des Führers
und Obersten Befehlshabers
der Wehrmacht
verleihe ich
dem

Oberleutnant d.R. Gehrcke

Kp.Fhr.7./S.R. 74

das

Deutsche Kreuz in Gold

HQu OKH, den 29. November 1941

Der Oberbefehlshaber des Heeres

[signature]

Generalfeldmarschall

Vorläufiges Besitzeugnis in der ersten Form nach der Einführung des Deutschen Kreuzes. Sie werden mit der Auszeichnung an der Front oder besser vor der Front der angetretenen Kameraden überreicht. Die großformatige Urkunde geht dagegen per Post an die Heimatadresse des Beliehenen.
(Foto: Hermann Historica)

Deutsches Kreuz in Gold mit Brillanten - nicht gestiftet und nicht verliehen

Im Oktober 1942 schickt die Präsidialkanzlei in Berlin eine ganz besondere Bestellung zum Hofjuwelier Rath in München. 20 Deutsche Kreuze in Gold mit Brillanten zum Einzelpreis von 2 800 Reichsmark sollen in Erwartung einer entsprechenden Stiftung der Auszeichnung durch den Führer, in feinster Juwelierarbeit gefertigt werden. Vorauseilender Aktionismus, denn zu einer Stiftung kommt es nicht. Am 12. Dezember 1942 werden die Deutschen Kreuze mit Brillanten in mit rotem Leder bezogenen Volletuis und goldgeprägtem, Hoheitsadler geliefert. Sie verschwinden in der Obhut der Präsidialkanzlei in einem Stahlschrank. Zur Freude der Amerikaner, die einige Exemplare bei Kriegsende im Schloss Kleßheim bei Wien erbeuten – letzte Station der Präsidialkanzlei auf der Flucht irgendwohin. Drei Exemplare des Deutschen Kreuzes mit Brillanten werden im West Point Museum der US Military Academy bei New York aufbewahrt.
(Foto: Andreas Thies)

Deutsches Kreuz in Gold in gestickter Ausführung

Kunstvoll handgestickte oder auch maschinengestickte Kampf- und Leistungsabzeichen sowie Tätigkeitsabzeichen werden bei der Kriegsmarine und besonders bei der Luftwaffe offiziell eingeführt. Beim Heer gibt es keine Auszeichnungen und schon gar keine Orden in gestickter Ausführung. Mit einem Zusatz der Durchführungsbestimmungen zum Deutschen Kreuz in Gold vom 5. August 1942 wird der Kriegsorden des Deutschen Kreuzes Gold, in gestickte Form auf Stoffunterlage genehmigt (siehe z.B: LVBl. 1942, Nr.1598, S.865). Soldaten die im Kampfeinsatz durch den Metallorden behindert werden oder wo Gefahr besteht das Deutsche Kreuz zu verlieren, dürfen ihre Auszeichnung als gestickte Ausführung auf entsprechender Stoffunterlage am Feldanzug angenäht tragen. Die Stoffunterlagen sind schwarz für Panzerbesatzungen, feldgrau für Heeresangehörig und Soldaten der Waffen-SS, blaugrau für Verleihungen in der Luftwaffe und marineblau für Dienstgrade der Kriegsmarine. Das Deutsche Kreuz in Silber ist als gestickte Ausführung nicht gestattet und die Tragweise ist nur für Männer der Feldtruppen am Feldanzug erlaubt. Diese bekommen bei der Verleihung und Überreichung der Metallausführung des Ordenssterns, anfangs zwei und später ein gesticktes Exemplar in die Hand gedrückt. Zusätzliche und verloren gegangene Exemplare beider Ausführungen müssen über die Präsidialkanzlei angefordert und von Fall zu Fall käuflich erworben werden. Nur bei Verlust oder Beschädigung durch Feindeinwirkung gibt es unentgeltlichen Ersatz. Der Ordenshandel darf den Kriegsorden des Deutschen Kreuzes nicht vertreiben.

Gesticktes Deutsche Kreuz auf blaugrauer Stoffunterlage für Luftwaffenuniformen. Zur Herstellung werden maschinengestickte Elemente und ein von der Metallausführung variierender hohlgeprägter Lorbeerkranz aus vergoldetem Buntmetall verwendet. Der Rest ist aufwendige Handarbeit mit der Sticknadel. Zur Konfektionierung gehört die Papierkaschierung der Rückseite mit Herstellerkennzeichen und ein Cellophanbeutel als Verpackung. (Foto: Archiv Volker A. Behr)

Deutsches Kreuz in Silber

Das Deutsche Kreuz in Silber gehört zu den relativ seltenen Orden der Wehrmacht. »Außergewöhnliche Verdienste in der militärischen Kriegsführung« sind ein breit gefächertes Feld. Klare, alle Aspekte berücksichtigende Definitionen sind als Durchführungsbestimmungen nicht zu fassen. Die Verleihungseuphorie der ersten Kriegsjahre ist durch Erfahrung mit Verleihungsverboten, Durchführungsverschärfungen usw. gedämpft. Das gilt besonders für »silberne« Verdienste im Vergleich zur »goldenen« Tapferkeit. Also wird im silbernen Bereich eher weniger als zu viel verliehen. »Ein mit dem Deutschen Kreuz in Silber Beliehener kann auch das Deutsche Kreuz in Gold erwerben, er hat in diesem Fall den silbernen Orden abzulegen« (Luftwaffen Verordnungsblatt vom 15.Februar 1943, S.167). Was wohl einigen Herren schwer fällt, wie zeitgenössische Fotos von Trägern mit zwei Deutschen Kreuzen übereinander auf der rechten Brustseite zeigen. In den letzten Kriegswochen wird die Verleihungsbefugnis für das Deutsche Kreuz in Gold an Oberbefehlshaber von Heeresgruppen und selbständige Armeen delegiert, nicht nur für das Deutsche Kreuz in Gold: »Es wird hiermit bestätigt, dass Oberbereichsleiter Parteigenosse Gerhard Seeger von Gauleiter und Reichsstatthalter Albert Forster im Namen des Führers das Deutsche Kreuz in Silber ausgehändigt erhalten hat. Danzig den 26. Februar 1945«. Also haben sich Gauleiter auch ermächtigt gefühlt, wie das Dokument beweist.

Deutsches Kreuz in Silber aus der Ordensproduktion der Firma Zimmermann, die ihre Deutschen Kreuze mit der Ziffer »20« auf der Innenseite der Anstecknadel punziert. Sie verwendet für die Montage der Ordensteile vier Hohlnieten, die an den Lorbeerkranz gelötet sind und nach dem Durchstecken drei weiterer Teile festgedrückt, den Orden zusammenhalten. (Foto: Hermann Historica)

Bezeichnung	Kriegsorden des Deutschen Kreuzes, Ausführung in Silber
Auszeichnungstyp	Orden
Datum der Verordnung	28.09.1941
Stifter	Adolf Hitler als Führer und Oberster Befehlshaber der Wehrmacht
Veröffentlichung	RGBl. I vom 02.10.1941, Nr.111, S.293
Verleihungsbefugnis	die Oberbefehlshaber der Wehrmachtteile und der Chef des Oberkommandos der Wehrmacht
Verleihungsvoraussetzung	Kriegsverdienstkreuz 1. Klasse mit Schwertern
Leistung für die Verleihung	außergewöhnliche Verdienste in der militärischen Kriegsführung
Anzahl der Verleihungen	2.471 davon: Heer 876, Luftwaffe 1 401, Kriegsmarine 108, Waffen-SS 65, Polizei 12, Organisation Todt 6, Zivilisten 3
Künstlerischer Entwurf	Prof. Richard Klein nach Vorgaben von Adolf Hitler
Form und Tragweise	Ordensstern, gesteckt auf der rechten Brustseite
Besitznachweis	Vorläufiges Besitzzeugnis, Urkunde
Verpackungsmittel	Volletui
Katalognummern	Nimmergut(Bd.4): 5130-5137, DOE(8): 453, Niemann(3): 7.04.12

IM NAMEN DES FÜHRERS
UND OBERSTEN BEFEHLSHABERS
DER WEHRMACHT
VERLEIHE ICH
DEM

DAS DEUTSCHE KREUZ
IN SILBER

FÜHRERHAUPTQUARTIER, DEN

DER CHEF DES OBERKOMMANDOS
DER WEHRMACHT

Blanko-Urkundenvordruck für Verleihungen im Bereich des Oberkommandos der Wehrmacht.
(Foto: Hermann Historica)

1942 · Sommeroffensive in Russland

Panzervernichtungsabzeichen in Silber

Seit Beginn des Russlandfeldzuges und den ersten Begegnungen mit dem feindlichen Kampfpanzer T 34, dessen Standfestigkeit im Gefecht die deutschen Angreifer erst einmal ratlos macht, sind mutige Soldaten gefordert, die »…als Einzelkämpfer mit Nahkampfwaffen oder Nahkampfmitteln (Panzerbüchse, Gewehrgranate, geballte Ladung usw.) einen feindlichen Panzerkampfwagen oder ein sonstiges feindliches gepanzertes Fahrzeug im Nahkampf vernichten oder außer Gefecht setzen…«. Stichtag, ab dem solche Leistungen gezählt werden, ist der 22.Juni 1941. Nicht nur Soldaten des Heeres und der Waffen-SS bewähren sich als Panzervernichter. Auch Fallschirmjäger und Männer der Erdkampfverbände der Luftwaffe werden mit dem Sonderabzeichen ausgezeichnet, von denen bis zu fünf Stück untereinander auf dem rechten Oberärmel angenäht getragen werden. Ein Abzeichen pro vernichtetem Panzer bekommen vereinzelt auch Männer der Kriegsmarine im Erdkampf verliehen.

»…3. Das Abzeichen besteht aus einem Band aus Aluminiumgespinst von 90 mm Länge und 32 mm Breite mit zwei eingewirkten schwarzen Streifen (3 mm breit), auf dem die aus Blech gestanzte Silhouette eines Panzerkampfwagens in schwarz angebracht ist…« so beschrieben im Erlass des OKH.
(Foto: Hermann Historica)

Bezeichnung	Sonderabzeichen für das Niederkämpfen von Panzerkampfwagen usw. durch Einzelkämpfer
Auszeichnungstyp	Kampfabzeichen
Datum der Verordnung	09.03.1942
Stifter	Führergenehmigung durch Adolf Hitler mit Erlass des OKH
Veröffentlichung	HVBl. B vom 11.03.1942, S.117-118 und LVBl. vom 31.08.1942, 35. Ausgabe, S.1180-1181
Verleihungsbefugnis	Heer: Bataillonskommandeur nach schriftlichem Vorschlag des Einheitsführers durch Bataillonsbefehl. Luftwaffe 1942: Oberbefehlshaber der Luftwaffe, ab August 1944: Oberbefehlshaber der Fallschirmarmee
Verleihungsvoraussetzung	keine
Leistung für die Verleihung	als Einzelkämpfer mit Nahkampfwaffen einen feindlichen Panzerkampfwagen vernichten oder außer Gefecht setzen
Anzahl der Verleihungen	über 10 000 (bis Mitte 1944)
Künstlerischer Entwurf	unbekannt
Form und Tragweise	Band aus Aluminiumgespinst (90x32 mm) mit aufgelegter Panzersilhouette aus schwarzem Blech, angenäht am rechten Oberärmel der Uniform
Besitznachweis	Heer: bestätigter Bataillonsbefehl, Luftwaffe: Besitzzeugnis
Verpackungsmittel	Cellophan- oder Papierbeutel
Katalognummern	Nimmergut(Bd.4): 5279, DOE(8): 539, Niemann(3): 7.05.13b

Ostmedaille

Anfangs wird nur ein Bandstück verliehen und getragen. Strengere Materialbewirtschaftung im 3. Kriegsjahr und die traditionelle Herstellung der Medaille aus gepresstem Buntmetall oder Feinzink in 23 Arbeitsschritten fordert die Ordenshersteller, oder besser überfordert sie. Hinzu kommen unscharfe Definitionen in den Durchführungsbestimmungen, die in der Konsequenz auch die Aberkennung der Ostmedaille zur Folge haben. Allein die Präsidialkanzlei verteilt Verfügungsbestände der Medaillen an die Armeen, Luftflotten und Wehrmachtbefehlshaber, bis auch der freie Verkauf im Ordenshandel ermöglicht wird. Doch nachdem die Massenproduktion im Gussverfahren angelaufen ist, sind im vierten Kriegsjahr ganz andere Probleme relevant, und der Handel bleibt auf seinen Ostmedaillen sitzen. Sie tauchen noch heute in größeren Chargen aus der Versenkung auf.

»...der schwarze Streifen in der Mitte, das ist die Rollbahn, die schmale weiße Begrenzung, das sind wir, die Verteidiger und um uns herum die riesige Masse der Roten.« Interpretation der Frontsoldaten für die Farbgebung des Bandes zur Ostmedaille.
(Foto: Archiv Volker A. Behr.)

Bezeichnung	Medaille für die »Winterschlacht im Osten 1941/42« (Ostmedaille)
Auszeichnungstyp	Ehrenzeichen
Datum der Verordnung	26.05.1942
Stifter	Adolf Hitler als Führer und Oberster Befehlshaber der Wehrmacht
Veröffentlichung	RGBl. I vom 06.06.1942, Nr.61, S.375
Verleihungsbefugnis	Vorgesetzte ab Regimentskommandeur aufwärts
Verleihungsvoraussetzung	Einsatz östlich einer genau festgelegten Verleihungsgrenze im Zeitraum vom 15.11.1941 bis 15.04.1942
Leistung für die Verleihung	14tägige Teilnahme an Gefechten (Heer), Feindflüge an 30 Tagen (Luftwaffe), oder Verwundung bzw. Erfrierung für die das Verwundetenabzeichen verliehen wurde, oder Bewährung im Einsatz von mindesten 60 Tagen
Anzahl der Verleihungen	unbekannt, um die 2,5 Millionen (Schätzung)
Künstlerischer Entwurf	Ernst Krause, Kriegsberichter der SS-Leibstandarte
Form und Tragweise	Medaille aus Feinzink am Band, nur das Band im zweiten Knopfloch von oben an der Uniform unter den Bändern des EK - und KVK 2.Klasse oder als Banddekoration an der Großen Ordensschnalle, oder als Kleine Ordensschnalle über der oberen, linken Uniformbrusttasche
Besitznachweis	Vorläufiges Besitzzeugnis, Besitzurkunde
Verpackungsmittel	Papierbeutel
Katalognummern	Nimmergut(Bd.4): 5160-5162, DOE(8): 466, Niemann(3): 7.04.20

Fertigungstechnisch aufwändig, vor allem im konventionellen Verfahren, sind nach dem Prägen und Ausstanzen über 20 weitere Handarbeitsschritte für das Finish nötig. Dieser Aufwand kompliziert die Massenproduktion.
(Foto: Archiv Volker A. Behr.)

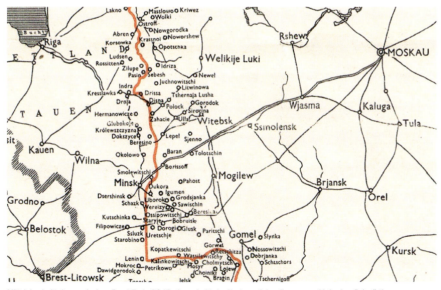

Mittelabschnitt der russischen Front Ende 1941. Ausschnitt der Karte, auf der die genaue Linie der rückwärtigen Verleihungsgrenze für die Ostmedaille eingezeichnet ist. Nur wer zwischen der Front und dieser Linie im Einsatz ist, kann mit der Ostmedaille ausgezeichnet werden. (Foto: Archiv Volker A. Behr)

Nach der holprigen ersten Verleihungsphase werden die Besitzurkunden standardisiert und haben bis zum Verleihungsende diese einheitliche Optik. (Foto: Andreas Thies)

Das Erste, was ein mit der Ostmedaille Ausgezeichneter in die Hand bekommt, ist ein Vorläufiges Besitzzeugnis und ein Stück Ordensband, das an der Uniform im zweiten Knopfloch von oben getragen wird. Die Medaille selbst lässt auf sich warten. (Foto: Archiv Volker A. Behr)

Bereits kurze Zeit nach der Veröffentlichung der Stiftung im Reichsgesetzblatt und den Verordnungsblättern der Wehrmachtteile mit den Durchführungsbestimmungen werden größere Frontverbände aktiv und lassen in ihren Frontdruckereien »geschmückte Besitzurkunden« drucken. Hier ein ausgefertigtes Exemplar aus der Druckerei der Korpskartenstelle (mot.) 456. Die Medaillen dazu gibt es allerding erst ein Jahr später. (Foto: Kai Winkler)

Cholmschild

Im Schlachten- und Gefechtskalender des Ostfeldzuges für die Heeresgruppe Nord ist unter 13. »Abwehkämpfe südlich des Ilmen Sees 8.1. bis 30.6 1942«, und weiter unter d) vermerkt: »Verteidigung und Entsatz von Cholm 21.1. - 5.5.42«. Fast die Hälfte der 6 200 eingeschlossenen Soldaten der zusammengewürfelten Kampfgruppe werden den dreimonatigen Winterkampf mit seinen Entbehrungen nicht überleben. Später kommen 6 200 Besitzzeugnisse zur Ausfertigung, von denen rund 3 000 posthum verliehen werden und vom Postbote den Angehörigen überbracht. Nach den Durchführungsbestimmungen der Wehrmachtteile bekommt jeder Beliehene fünf Exemplare des Schildes ausgehändigt. Mit dem einen Exemplar der posthumen Verleihung ergibt sich die Summe von 19 000 überreichten Schilden. Die Fertigungszahl des Cholmschildes, die noch höher liegen dürfte, verteilt sich auf mehrere Hersteller. Am 1. April 1943 soll die Verleihung des Cholmschildes abgeschlossen sein.

Obwohl fast 20 000 Schilde ausgehändigt werden, ist der Cholmschild heute selten zu finden.
(Foto Andreas Thies, Archiv Volker A. Behr)

Bezeichnung	Cholmschild
Auszeichnungstyp	Kampfabzeichen der Wehrmacht
Datum der Verordnung	01.07.1942
Stifter	Der Führer, Adolf Hitler
Veröffentlichung	RGBl. I vom 14.07.1942, Nr.76, S.455
Verleihungsbefugnis	Im Namen des Führers, der Verteidiger von Cholm, Generalmajor Scherer
Verleihungsvoraussetzung	Angehöriger der Wehrmacht oder der Wehrmacht unterstellter Kombattant
Leistung für die Verleihung	im eingeschlossenen Raum um Cholm am Verteidigungskampf vom 21. Januar bis 5. Mai 1942 ehrenvoll beteiligt oder gefallen
Anzahl der Verleihungen	6 200, davon 3 000 posthum (geschätzt rund 19 000 verteilte Schilde nach den Durchführungsbestimmungen der Wehrmachtteile)
Künstlerischer Entwurf	Polizei Rottwachtmeister B. Schlimmer, Cholm, und Überarbeitung durch Prof. Richard Klein, München
Form und Tragweise	Metallschild auf uniformfarbiger Filzunterlage, angenäht am linken Oberarm der Uniform
Besitznachweis	Besitzzeugnis
Verpackungsmittel	Cellophan- oder Papierbeutel
Katalognummern	Nimmergut(Bd.4): 5183-5184, DOE(8): 484-485, Niemann(3): 7.05.03

Generalleutnant Theodor Scherer mit seinen Auszeichnungen im Frühjahr 1944. Als Generalinspekteur für den Küstenschutz beim Wehrmachtsbefehlshaber Ostland fühlt er sich auf das Abstellgleis geschoben.
(Foto: Archiv Volker A. Behr)

Zum Originalstück die Originalurkunde. In den Abmessungen 136 x 210 mm präsentiert sich diese sehr seltene Urkunde auf dünnem Dokumentenpapier ohne Wasserzeichen in schwarzem Buchdruck. Für die schwarzen Skriptoleintragungen in Schönschrift gilt bei der Einheitsangabe nicht die Unterstellung in Cholm, sondern die Verwendung zum Zeitpunkt der Verleihung. Alle Urkunden werden von der »Abwicklungsstelle Kampfgruppe Scherer« ausgestellt und tragen die Originalunterschrift des Generals.
(Foto: Archiv Volker A. Behr)

Das Inhaberstück des Oberstleutnants Freiherr von Bodenhausen hat ein Gewicht von 21,41 Gramm. Der 39,5 mm breite und 65,0 mm hohe Schild aus magnetischem Weißmetall ist vorderseitig mattgrau oxidiert. Er wird von drei Stiften auf der feldgrauen Nadelfilzunterlage durch eine magnetische Blechplatte (43,8 x 72,9 mm) gehalten.
(Foto: Archiv Volker A. Behr)

Ostvölker Auszeichnung

Die ersten Ideen, als Mitmachmotivation beim Krieg der Wehrmacht eine Auszeichnung für Angehörige der Ostvölker zu schaffen, stammen von Heinrich Himmler. Doch federführend bei der Umsetzung nach der Stiftung bleibt das Oberkommando der Wehrmacht. Da die Auszeichnung in vielen Elementen erheblich vom üblichen deutschen Auszeichnungsstandard abweicht, gibt es umfangreiche Durchführungsbestimmungen vom 14. Juli 1942 und vom 28. Mai 1943. Bemerkenswert ist die Wahl der Form der Metallabzeichen. Bewusst wird auf die Verwendung irgendwie gearteter christlicher Kreuzformen verzichtet, um sie für Muslime verleihbar zu machen. Der 32strahlige Stern mit lorbeerumkränzten Sonnenradmedaillon ohne Hakenkreuz, oder Hoheitsadler ist einmalig bei den deutschen Auszeichnungen des Zweiten Weltkrieges. Genauso wie die mehrfache Abstufung der Klassen und die Bestimmung: »Mit der Beleihung der 1. Klasse können Zuwendungen in Geld oder sonstigen Besitz verbunden werden«. Nicht allein die Ehre, wie deutschüblich, sondern auch etwas auf die Hand zu geben, das hat schon ein wenig vom subtilen Untermenschendenken der Zeit. Anfangs dürfen vergleichbare Klassen des EK oder KVK Angehörigen der Ostvölker nicht verliehen werden, und andersherum die Ostvölker Auszeichnungen nicht an Wehrmachtangehörige. Das wird mit neuen Bestimmungen ab 1944 geändert.

Bezeichnung	Tapferkeits- und Verdienstauszeichnung für Angehörige der Ostvölker
Auszeichnungstyp	Kampfabzeichen (mit Schwertern) oder Verdienstabzeichen (ohne Schwerter) in jeweils zwei Klassen mit Abstufungen
Datum der Verordnung	14.07.1942
Stifter	Adolf Hitler als Führer
Veröffentlichung	RGBl. I vom 22.07.1942, Nr.78, S.463
Verleihungsbefugnis	mit Schwertern: Befehlshaber der deutschen Wehrmacht, mindestens in der Dienststellung eines Divisionskommandeurs, ohne Schwerter: Reichsminister für die besetzten Ostgebiete
Verleihungsvoraussetzung	Angehöriger der Ostvölker (nicht an Wehrmachtangehörige), die Verleihung der höheren Abstufung setzt in der Regel die dreimalige Verleihung der vorhergehenden Abstufung voraus, die Verleihung der 1. Klasse setzt den Besitz der obersten Abstufung der 2. Klasse voraus
Leistung für die Verleihung	mit Schwertern: für besondere Tapferkeit, ohne Schwerter: Bewährung durch hervorragende Verdienste
Anzahl der Verleihungen	unbekannt
Künstlerischer Entwurf	Elmar Lang, Mitarbeiter der Firma Gebr.Godet & Co.
Form und Tragweise	2. Klasse: Metallstern am Band, nur das Band im zweiten Knopfloch von oben an der Uniform oder als Banddekoration an der Großen Ordensspange oder als Kleine Ordensschnalle über der oberen, linken Uniformbrusttasche 1. Klasse: Metallstern, angesteckt an der linken Brustseite
Besitznachweis	Besitzurkunde
Verpackungsmittel	1.Klasse Volletui 2. Klasse Papierbeutel
Katalognummern	Nimmergut(Bd.4): 5292-5303, DOE(8): 709-717, Niemann(3): 7.10.01-7.10.027.05.03

Tapferkeits- (links) und Verdienstauszeichnung (rechts) für Angehörige der Ostvölker 2. Klasse in Silber. Nach dreimaliger Verleihungsleistung gibt es erst die nächste Stufe in Gold. (Foto: Hermann Historica)

Größenvergleich der Sterne der 2. Klasse (oben) am grünen, weiß gerändertem Band zu tragen und der 1. Klasse (unten) als Steckauszeichnung für die linke Brustseite. Beide als Tapferkeitsauszeichnung mit Schwertern und silberfarben. (Foto: Hermann Historica)

Die drei Stufen der 2. Klasse der Tapferkeitsauszeichnung für Angehörige der Ostvölker auf einem Blick. Von links: in Bronze am dunkelgrünen Band, in Silber am grünen, weißgerändertem Band und in Gold an hellgrünem, rotgerändertem Band. Die Sterne sind aus Feinzink gefertigt, und die dünnschichtige Veredelung hat nicht lange gehalten. (Foto: Hermann Historica)

Die 1. Klasse der Tapferkeitsauszeichnung für Angehörige der Ostvölker wird in der Abstufung in Gold oder Silber jeweils mit Schwertern verliehen. Oft hat die magere Vergoldung oder Versilberung der Sterne aus Feinzink den Zahn der Zeit nicht überstanden. (Foto: Hermann Historica)

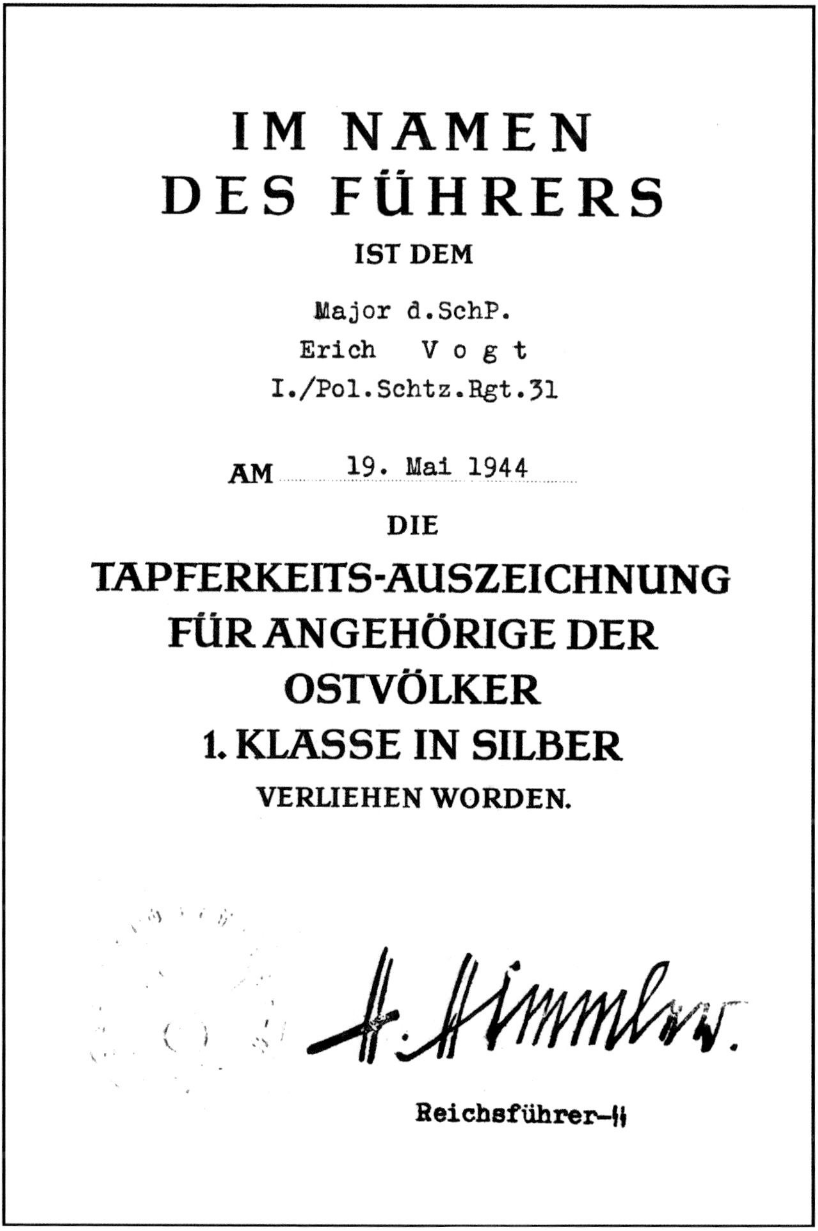

IM NAMEN DES FÜHRERS

IST DEM

Major d.SchP.
Erich Vogt
I./Pol.Schtz.Rgt.31

AM 19. Mai 1944

DIE
TAPFERKEITS-AUSZEICHNUNG FÜR ANGEHÖRIGE DER OSTVÖLKER
1. KLASSE IN SILBER
VERLIEHEN WORDEN.

H. Himmler

Reichsführer-

Seit Februar 1944 gilt nach Führerentscheid: »...darf nur an die deutschen Soldaten, und zwar als „Erinnerungszeichen" verliehen werden, die als Führer von geschlossenen Ostvolkeinheiten...ständig Dienst tun bis einschl. Rgt. Kdr. aufwärts...«
Hier eine entsprechende, von Heinrich Himmler unterschriebene, Besitzurkunde vom Mai 1944.
(Foto: Norbert Kannapin)

IM NAMEN DES FÜHRERS

IST DEM

Referent

Eduard R a d t k e

AM 1.3.44

DIE

VERDIENST-AUSZEICHNUNG FÜR ANGEHÖRIGE DER OSTVÖLKER 2. KLASSE IN BRONZE

VERLIEHEN WORDEN.

Für den Reichsminister für die besetzten Ostgebiete
Der Bevollmächtigte für die Kosakenflüchtlinge.

Major.

Besitzurkunde einer Verdienstauszeichnung 2. Klasse in Bronze für einen Nichtwehrmachtangehörigen im Rahmen der Zuständigkeit des Reichsministeriums für die Ostgebiete. (Foto: Archiv Volker A. Behr)

Sehr schön erhaltenes Exemplar der Verdienstauszeichnung für Angehörige der Ostvölker der 2. Klasse in Bronze am dunkelgrünen Band. Sie steht am Anfang der Verleihungstreppe aller Abstufungen und Klassen der Auszeichnung. (Foto: Andreas Thies)

Vor der Verdienstauszeichnung der 1. Klasse in Silber muss der Beliehene mit der 2. Klasse in Gold am hellgrünen, rotgerändertem Band ausgezeichnet sein. (Foto: Andreas Thies)

Verdienstauszeichnung für Angehörige der Ostvölker 1. Klasse in Silber im Etui. Die 1. Klasse in Silber oder Gold wird entsprechend der 1. Klassen des EK und KVK im Volletui überreicht. (Foto: Hermann Historica)

Krimschild

Nach der Beendigung der Kämpfe um die Krim melden die Zeitungen Anfang Juli 1942: »Der Führer hat dem Oberbefehlshaber der Krim-Armee, Generaloberst von Manstein zum Generalfeldmarschall befördert und folgendes Telegramm an ihn gerichtet:...In dankbarer Würdigung Ihrer besonderen Verdienste um die siegreich durchgeführten Kämpfe auf der Krim, die mit der Vernichtungsschlacht von Kertsch und der Bezwingung der durch Natur und Bauten mächtige Festung Sewastopol ihre Krönung fanden, befördere ich Sie zum Generalfeldmarschall. Mit Ihrer Beförderung und durch die Stiftung eines Erinnerungsschildes für alle Krimkämpfer ehre ich vor dem ganzen deutschen Volke die heldenhaften Leistungen der unter Ihrem Befehl kämpfenden Truppen.« Anlässlich eines Besuchs in Bukarest am 3.Juli 1943 überreicht GFM von Manstein, im Auftrag des Führers, Rumäniens Staatschef Marschall Antonescu einen goldenen Krimschild. Nach einer Fristverlängerung wird der Krimschild bis zum 1. Oktober 1943 verliehen.

Die vermuteten Verleihungszahlen müssen mit dem vorgesehenen Ausstattungssoll der Abzeichen pro Beliehenen multipliziert werden, um eine Fertigungsmenge einzugrenzen. Für den Krimschild sind eine Millionen produzierter Schilde realistisch. Entsprechend vielfältig sind die Fertigungsarten. Hier eine Feinzinkausführung auf grober Nadelfilzunterlage. Ersatzstofffertigung der letzten Kriegsjahre (Foto: Archiv Volker A. Behr)

Bezeichnung	Krimschild
Auszeichnungstyp	Kampfabzeichen der Wehrmacht
Datum der Verordnung	25.07.1942
Stifter	Der Führer, Adolf Hitler
Veröffentlichung	RGBl. I vom 07.08.1942, Nr.83, S.487
Verleihungsbefugnis	Im Namen des Führers, Generalfeldmarschall Erich von Manstein
Verleihungsvoraussetzung	Angehöriger der Wehrmacht, oder der Wehrmacht unterstellter Kombattant
Leistung für die Verleihung	vom 21.9.1941 bis 4.7.1942 einschließlich, Einsatz südlich der Meerenge von Perekop zu Lande, in der Luft oder zur See und a) Teilnahme an einer Hauptschlacht, b) Verwundung, c) ununterbrochener Aufenthalt von 3 Monaten auf der Krim
Anzahl der Verleihungen	zwischen 200 000 und 300 000
Künstlerischer Entwurf	unbekannt
Form und Tragweise	Metallschild auf uniformfarbiger Filzunterlage, angenäht am linken Oberarm der Uniform
Besitznachweis	Besitzzeugnis
Verpackungsmittel	Cellophan- oder Papierbeutel
Katalognummern	Nimmergut(Bd.4): 5187-5189, DOE(8): 487, Niemann(3): 7.05.02

Kein Kampfabzeichen der Wehrmacht zeigt einen Kriegsschauplatz mit so kartographischer Genauigkeit wie der Krimschild. Auf der Reliefkarte aus Buntmetall sind Küstenlinien, Straßen und Städte gut zu erkennen.
(Foto Archiv Volker A. Behr)

Für das Besitzzeugnis ist nur der einheitliche Text vorgeschrieben. Die restliche Gestaltung erledigen die Männer der Felddruckereien nach eigenem Geschmack. Bei den Einheiten werden die Daten der Berechtigten mit der Schreibmaschine eingetragen und von Mansteins Armeeoberkommando stempelt ab. Dienstsiegel, Datumsstempel und Unterschriftenstempel.
(Foto : Helmut Weitze)

Ärmelband Kreta

Am 20.Mai 1941 beginnt die Operation »Merkur«, ein Wagnis, wie es die Kriegsgeschichte bis dahin nicht gesehen hat. Erstmals werden Fallschirmjäger im Massensprung abgesetzt und sollen in Zusammenwirken mit Luftlandeeinheiten in Lastenseglern und im Lufttransport eingeflogenen Gebirgstruppen die Engländer von der griechischen Insel Kreta verjagen – einen wohl vorbereiteten Gegner in Überzahl, in begünstigter Stellung und ausgerüstet mit rund 20 Panzern. Im Nachhinein betrachtet, eine wahnsinnige Aktion mit reichlichem Fehlerpotential auf beiden Seiten, die nur mit unverhältnismäßigen Verlusten zum Erfolg für die deutsche Seite wird. Rund 22 750 eingesetzten Soldaten der Wehrmacht erkämpfen den Sieg, doch 6 580 Gefallene, Vermisste und Verwundete stehen auf der Verlustliste.

Jeder Wehrmachtteil stellt durch den verleihungsbefugten Befehlshaber eigengestaltete Besitzzeugnisse aus, wobei der größte Anteil dem hier gezeigten Beispiel folgt. Besitzzeugnis für die Fallschirmjäger für ihren ersten und letzten Masseneinsatz im Zweiten Weltkrieg.
(Foto: Hermann Historica)

Bezeichnung	Ärmelband Kreta
Auszeichnungstyp	Kampfabzeichen
Datum der Verordnung	Kriegsmarine: 14.08.1942, Luftwaffe: 29.09.1942, Heer: 16.10.1942
Stifter	Genehmigung durch den Führer Adolf Hitler
Veröffentlichung	jeweils in den Verordnungsblättern der Wehrmachtteile
Verleihungsbefugnis	Heer: Oberbefehlshaber der 12. Armee, Luftwaffe: Oberbefehlshaber des XI. Flieger Korps, Kriegsmarine: Admiral Ägäis
Verleihungsvoraussetzung	Angehöriger der Wehrmacht
Leistung für die Verleihung	Unmittelbare Teilnahme an den Kampfhandlungen um Kreta auf der Erde, in der Luft, oder zur See. Benennung berechtigter Verbände durch die Wehrmachtteile
Anzahl der Verleihungen	unbekannt. Rund 23 000 Mann sind im Einsatz
Künstlerischer Entwurf	Elmar Lang, Mitarbeiter der Firma Gebr. Godet & Co.
Form und Tragweise	goldfarben besticktes weißes Stoffband, linker Unterärmel der Uniform (auch am Mantel)
Besitznachweis	Besitzzeugnis
Verpackungsmittel	Cellophan- oder Papierbeutel
Katalognummern	Nimmergut(Bd.4): 5203-5206, DOE(8): 494, Niemann(3): 7.05.09

Besitzzeugnis für einen Luftwaffenangehörigen nach posthumer Verleihung des Ärmelbandes. Kampfschilde der Wehrmacht und Ärmelbänder dürfen alle posthum, nach Erfüllung der Verleihungsbedingungen, verliehen werden. In dem Fall erhalten die Angehörigen einen Schild oder ein Ärmelband sowie eine Urkunde zugeschickt. Nur beim Narvikschild wurde, »…dem für Führer und Volk gefallenen…« Kämpfer eine Zeile auf der Urkunde gewidmet. (Foto: Kay Brüggemann)

Da mehrere Hersteller das Ärmelband fertigen sind unterschiedliche Bänder verliehen worden. Die weiße Bandgrundlage bilden Baumwolle oder Filz, die mit goldfarbener Kunstseide bestickt sind. Es dauert fast ein Jahr bis die ersten Ärmelbänder überreicht werden können. (Foto: Archiv Volker A. Behr)

Kraftfahrbewährungsabzeichen

Was wäre ein Kommandeur oder Chef ohne seine Kradmelder und seine Fahrer gewesen? In einem Krieg, in dem Mobilität wichtiger ist als je zuvor in der Kriegsgeschichte? Deshalb erfolgt die Stiftung eines Kraftfahrbewährungsabzeichens: »Als Anerkennung für den Kriegseinsatz besonders bewährter Kraftfahrer…die sich im Kriege unter erschwerten Bedingungen beim Fahren und um die Erhaltung und Pflege des ihnen anvertrauten Kraftfahrzeuges besondere Verdienste erworben haben…«. Für jede Stufe ist die Bewährung unter besonders schwierigen Bedingungen nachzuweisen, und zwar als Kradmelder an 90 Einsatztagen, als Fahrer eines Gefechtskraftfahrzeuges an 120 Tagen, als Fahrer von Kraftfahrzeugen der Trosse an 150 Tagen, als Fahrer der Versorgungstruppe an 165 Tagen und sonstige Fahrer an 185 Einsatztagen. Die nächsthöhere Stufe gibt es nach Verleihung der vorherigen zu den Bedingungen von oben. Übrigens: »Das Kraftfahrbewährungsabzeichen ist zu entziehen… c) bei Bestrafung wegen Überschreitung der vorgeschriebenen Höchstgeschwindigkeitsgrenze«.

Bezeichnung	Kraftfahrbewährungsabzeichen
Auszeichnungstyp	Leistungs- und Tätigkeitsabzeichen in drei Stufen
Datum der Verordnung	23.10.1942
Stifter	Der Führer Adolf Hitler
Veröffentlichung	RGBl. I vom 05.11.1942, S.631
Verleihungsbefugnis	an Wehrmachtangehörige: ab Regimentskommandeur oder entsprechender Dienststellung aufwärts, an Nichtwehrmachtangehörige: vom Chef der Präsidialkanzlei bestimmte Verleihungsdienststellen
Verleihungsvoraussetzung	für die nächsthöhere Stufe die vorherige Stufe. Kraftfahrer der Wehrmacht oder der Wehrmacht unterstellter, auf den Führer vereidigter, ausländischer Freiwilliger
Leistung für die Verleihung	Bewährung im Einsatz ab 1. Dezember 1940 in folgenden Gebieten: Balkan, Russland, Finnland und Norwegen nördlich des Polarkreises und in Afrika (später erweitert um Süditalien und baltische Staaten), unter besonders schwierigen Bedingungen
Anzahl der Verleihungen	unbekannt
Künstlerischer Entwurf	SS-Oberführer Werlin
Form und Tragweise	hohlgeprägtes Metallabzeichen auf Uniformstoffunterlage, angenäht in der Mitte des linken Unterärmels des Feldrocks
Besitznachweis	Besitzzeugnis
Verpackungsmittel	Cellophan- oder Papierbeutel
Katalognummern	Nimmergut(Bd.4): 5214-5216, DOE(8): 501-503, Niemann(3): 7.05.15

Die drei Stufen des Kraftfahrbewährungsabzeichens von Bronze über Silber bis Gold auf einen Blick. Die Tuchunterlagen variieren entsprechend des Grundtuches der Uniform, an deren linken Unterärmel das Abzeichen genäht wird. Hier mit feldgrauer Unterlage für Kraftfahrer des Heeres.

Die Besitzzeugnisse für die Stufen der Kraftfahrbewährungsabzeichen sind nur beim Textinhalt vorgeschrieben. In den Durchführungsbestimmungen der Wehrmachtteile wird ein Vordruckmuster veröffentlicht, das die Frontdruckereien dann typographisch interpretieren. Heißt: Es gibt eine Vielzahl unterschiedlicher Vordrucke im DIN A5- Hoch- und Querformat. (Foto: Andreas Thies)

Interessante Variante eines Vorläufigen Besitzzeugnisses für ein Kraftfahrbewährungsabzeichen in Bronze. Der Vordruck in Sütterlinschrift ist mit der Schreibmaschine ausgefertigt und vom Pionierführer einer Armee unterschrieben. (Foto: Kay Brüggemann)

1943 · Katastrophe von Stalingrad

Bandenkampfabzeichen

In der Nummer 17 vom 1. September 1942 meldet das Verordnungsblatt der Waffen-SS: »304. Gebrauch des Wortes „Partisan". Der Reichsführer-SS hat befohlen, dass in Zukunft das von den Bolschewisten eingeführte und verherrlichte Wort „Partisan" nicht mehr zu gebrauchen ist. Es ist der Ausdruck „Banden" anzuwenden…«. Der oft grausam geführte Kampf gegen russische Partisanen, die mit allen Vorteilen des Kampfes im eigenen Land die deutschen Besatzer hinter der Front nicht zur Ruhe kommen lassen, ist mit einem Wechsel im Wortgebrauch nicht beizukommen. Aber immerhin erklärt sich die Namensherkunft des Bandenkampfabzeichens. Heinrich Himmler und sein Stab klassifizieren ihre Auszeichnung als Tapferkeits- und Leistungsabzeichen. Für die tangierten Wehrmachtstellen ist es ein Kampfabzeichen wie viele andere auch.»Der Reichsführer-SS hat sich die Aushändigung des Bandenkampfabzeichens in Gold persönlich vorbehalten, um damit die tapfersten und erfolgreichsten Bandenkämpfer würdigen zu können…« heißt es im September 1944. Sehr viele mehr als 20 Verleihungen der 3. Stufe hat es bis Kriegsende nicht gegeben. Umso verwunderlicher Himmlers Bestellung von 20 Goldenen Bandenkampfabzeichen mit Brillanten bei der Firma C.E. Juncker in Berlin. Er hat mit seinem Bandenkampf wohl noch einiges vor.

Bezeichnung	Bandenkampfabzeichen
Auszeichnungstyp	Kampfabzeichen (SS-Leseart: Tapferkeits-und Leistungsabzeichen) in drei Stufen
Datum der Verordnung	30.01.1944
Stifter	Befehl des Führers, Einführung durch die Wehrmachtteile und Reichsführer-SS
Veröffentlichung	in den Verordnungsblättern der Wehrmachtteile und der Waffen-SS
Verleihungsbefugnis	Waffen-SS: 3. Stufe Reichsführer-SS, sonst: Chef der Bandenkampfverbände oder Höhere SS- und Polizeiführer, Heer: ab Divisionskommandeur aufwärts, Kriegsmarine: Oberbefehlshaber der Marinegruppenkommandos und Marineoberkommando, Luftwaffe: Oberbefehlshaber der Luftwaffe
Verleihungsvoraussetzung	an Führer, Unterführer und Männer aller im Bandenkampf eingesetzten deutschen Verbände
Leistung für die Verleihung	als Anerkennung für Bewährung im infanteristischen Nahkampf gegen Banden: 1. Stufe (Bronze) für 20 Kampftage, 2. Stufe (Silber) für 50 Kampftage, 3.Stufe (Gold) für 100 Kampftage. Luftwaffe: Einsatz unter Feindbeschuss 1. Stufe (Bronze) für 30 Kampftage, 2. Stufe (Silber) für 75 Kampftage, 3.Stufe (Gold) für 150 Kampftage. Bestätigter Feindbeschuss gleich 3 Tage. Anrechnung der Kampftage seit dem 1. Januar 1943
Anzahl der Verleihungen	unbekannt (vermutlich 30 000)
Künstlerischer Entwurf	Elmar Lang, Mitarbeiter der Firma Gebr. Godet & Co.
Form und Tragweise	massiv oder hohl geprägtes Metallabzeichen mit senkrechter Anstecknadel, an der linken Brustseite
Besitznachweis	Besitzzeugnis
Verpackungsmittel	Volletui
Katalognummern	Nimmergut(Bd.4): 5305-5318, DOE(8): 701-708, Niemann(3): 7.05.16

Vermutlich sind um die 30 000 Bandenkampfabzeichen aller Stufen verliehen worden. Grundsätzlich sind zwei Fertigungsformen zu unterscheiden, massive oder hohl geprägte und gestanzte Bandenkampfabzeichen. Sogenannte Hohlprägungen sind eine Folge des zunehmenden Materialmangels gegen Kriegsende. Die Metallstreifen für die Presse werden immer dünner. (Foto: Hermann Historica)

Bei Hohlprägungen sind ausgestanzte Durchbrechungen des Materials, wie hier bei den Schlangenköpfen des silbernen Bandenkampfabzeichens, im Arbeitsgang möglich. Mit zunehmender Materialstärke nimmt diese Möglichkeit ab und ist bei Fertigungen im Gussverfahren nicht machbar. (Foto: Hermann Historica)

Nicht gestiftet und nicht verliehen. Warum Heinrich Himmler 20 Bandenkampfabzeichen in Gold mit Brillanten bei der Firma C. E. Juncker anfertigen lässt, wird immer sein Geheimnis bleiben. Bei mutmaßlich rund 20 Verleihungen der 3. Stufe des Bandenkampfabzeichens in den letzten Kriegsmonaten wären die Brillanten noch eine ganze Weile nicht dran gewesen. (Foto: Hermann Historica)

Ausgestellt einen Monat vor Kriegsende. Besitzzeugnis für ein Bandenkampfabzeichen in Bronze an den Oberbeschlagmeister der 5. Kompanie des Kosaken-Grenadier-Regiments 360. Zur Verleihungsbefugnis: Brigadeführer entsprechen der Dienststellung eines Divisionskommandeurs. (Foto: Archiv Volker A. Behr)

Ärmelband Afrika

Der Einsatz des deutschen »Afrikakorps« der mit der Führerweisung 28 vom 21.01.1941 beginnt, ist in der einschlägigen Literatur hinlänglich beschrieben, zumal einer der nicht unumstrittenen deutschen Kriegshelden dem Feldzug seinen Stempel aufdrückt. Mit General Erwin Rommel beginnt an 31. März 1941, in atemberaubendem Tempo, das Hin und Zurück in der tunesischen Wüste.

Übrigens: Die Zugehörigkeitsabzeichen »Afrikakorps« der Heeresangehörigen und »Afrika« der Flieger und Bodenverbänden der Luftwaffe (die seit 18.Juli 1941 als Ärmelstreifen am rechten Unterärmel der Uniform getragen werden) müssen abgetrennt werden, wenn das Ärmelband Afrika angenäht wird. Die abgetrennten Ärmelstreifen sind einzuziehen.

In der Einführungsverordnung wird das Ärmelband beschrieben:»Das Kampfabzeichen „Afrika" besteht aus einem khakifarben Ärmelband aus Kamelhaarstoff mit silbernem Rand und der silbernen Aufschrift beiderseits von einer silbernen Palme eingerahmt«. Fast ein Jahr müssen die Ausgezeichneten auf ihr Band warten. Da ist der Afrikafeldzug bereits zu Ungunsten der deutschen Truppen beendet.
(Foto: Hermann Historica)

Bezeichnung	Ärmelband Afrika
Auszeichnungstyp	Kampfabzeichen
Datum der Verordnung	Kriegsmarine: 29.12.1942, Heer: 15.01.1943, Luftwaffe: 18.01.1943
Stifter	Befehl des Führers, Einführung durch die Wehrmachtteile
Veröffentlichung	jeweils in den Verordnungsblättern der Wehrmachtteile
Verleihungsbefugnis	Heer: Oberbefehlshaber der deutsch-italienische Panzerarmee, seit 25.03.1943 Oberbefehlshaber der Heeresgruppe Afrika sowie der 5. Panzerarmee, Luftwaffe: Oberbefehlshaber Süd, Kriegsmarine: Befehlshaber des Deutschen Marinekommandos Italien
Verleihungsvoraussetzung	Angehöriger der Wehrmacht
Leistung für die Verleihung	jeweils: a) Ehrenvoller Einsatz von 6 Monaten auf afrikanischen Boden (ab 06.05.1943 vier Monate), b) Verwundung bei einem Einsatz in Afrika, c) Erkrankung an einer auf dem Kriegsschauplatz in Afrika zugezogenen Krankheit, die zum Verlust der vollen oder bedingten Tropendienstfähigkeit geführt hat. Voraussetzung hierfür ist ein Aufenthalt in Afrika von mindesten 3 Monaten (ab 27.01.1943 ersatzlos gestrichen). d) ausgezeichnet mit einer deutschen Tapferkeitsauszeichnung (EK, DK in Gold, Nennung im Ehrenblatt), unabhängig von der Einsatzzeit
Anzahl der Verleihungen	unbekannt
Künstlerischer Entwurf	Elmar Lang, Mitarbeiter der Firma Gebr. Godet & Co., Berlin
Form und Tragweise	silberfarben besticktes khakifarbenes Kamelhaarstoffband, linker Unterärmel der Uniform
Besitznachweis	Besitzzeugnis
Verpackungsmittel	Cellophan- oder Papierbeutel
Katalognummern	Nimmergut(Bd.4): 5207-5208, DOE(8): 495-496, Niemann(3): 7.05.10

Jeder Wehrmachtteil verwendet eigene Vordrucke der Besitzzeugnisse, die auch im Text variieren. Hier eine Besitzurkunde aus dem Zuständigkeitsbereich der Luftwaffe. Bei der Kriegsmarine lautet die Formel auf dem Besitzzeugnis: »…Auf Grund der Ermächtigung des Oberbefehlshabers der Kriegsmarine verleihe ich dem… «
(Foto: Helmut Weitze)

Das Ärmelband Afrika ist auf sehr unterschiedlichen Stoffunterlagen gestickt zur Ausgabe gelangt, aber immer mehr oder weniger dem Uniformgrundstoff angepasst: Kammgarn, Filz, Baumwolle, was die Materialsituation der Stickereien hergibt und was zugewiesen wird.
(Foto: Archiv Volker A. Behr)

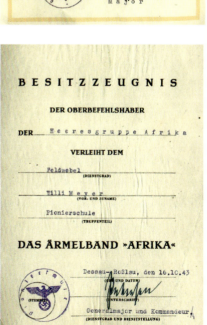

Auf dem Besitzzeugnis des Heeres verleiht »Der Oberbefehlshaber der Heeresgruppe Afrika« das Ärmelband. Nach Ende des Feldzuges wohl auch andere, wie hier der Kommandeur der Pionierschule in Dessau.
(Foto: Helmut Weitze)

Demjanskschild

Am 2. März 1943 meldet der Wehrmachtbericht: »Der Brückenkopf von Demjansk, gegen den die Sowjets vierzehn Monate lang vergeblich unter ungeheuren Verlusten anrannten, wurde von den deutschen Truppen planmäßig geräumt...« Die Meldung über den Abschluss des Kampfgeschehens ist die erste und letzte Nennung der Kämpfe um Demjansk im Wehrmachtbericht. Am 8. Januar 1942 beginnt das Ringen um Demjansk. Vier russische Armeen treten an, um die Heeresgruppen Nord und Mitte an ihrer Nahtstelle auseinander zu reißen. Mit Stoßrichtung auf Staraja Russa gelingt der Durchbruch, und am 8. Februar schließ sich der Kessel um das Städtchen Demjansk. Bei Temperaturen bis 40 Grad Minus müssen sich sechs deutsche Divisionen gegen einen übermächtigen Gegner zur Wehr setzen. 96 000 Mann schlagen von Januar bis Mai 1524

Obergefreiter des Heeres mit angenähtem Demjanskschild an linken Oberarm. (Foto: Kai Winkler)

Bezeichnung	Demjanskschild
Auszeichnungstyp	Kampfabzeichen der Wehrmacht
Datum der Verordnung	25.04.1943
Stifter	Der Führer, Adolf Hitler
Veröffentlichung	RGBl. I vom 02.07.1943, Nr.64, S.369
Verleihungsbefugnis	Im Namen des Führers, der Verteidiger von Demjansk General der Infanterie Walter Graf Brockdorff-Ahlefeldt
Verleihungsvoraussetzung	Angehöriger der Wehrmacht oder der Wehrmacht unterstellter Kombattant
Leistung für die Verleihung	In Zeitraum vom 8. Februar 1942 bis 21. April 1942 (beide Tage einschließlich) a) ununterbrochener Einsatz von mindestens 60 Tagen im eingeschlossenen Raum, b) unterstützender Einsatz durch die Luftwaffe von mindestens 50 Flügen, wobei Einflüge in den eingeschlossenen Raum als Einsatz rechnen, c) Verwundung oder Erfrierung, für die das Verwundetenabzeichen verliehen wird
Anzahl der Verleihungen	96 000
Künstlerischer Entwurf	unbekannt
Form und Tragweise	Metallschild auf uniformfarbiger Filzunterlage, angenäht am linken Oberarm der Uniform
Besitznachweis	Besitzzeugnis
Verpackungsmittel	Cellophan- oder Papierbeutel
Katalognummern	Nimmergut(Bd.4): 5190-5192, DOE(8): 488-489, Niemann(3): 7.05.04

russische Angriffe und 991 kleinere feindliche Vorstöße ab. Dem setzten die eingekesselten deutschen Truppen entgegen: 627 Stoßtrupp-Unternehmungen, 267 Gegenstöße und 188 Gegenangriffe. Bis es ein Jahr später heißt: »Zur Erinnerung an die mehrmonatige heldenhafte Verteidigung des Kampfraumes Demjansk gegen einen zahlenmäßig weitüberlegenen Gegner stifte ich den Demjanskschild.«

Bei den Besitzzeugnissen zum Demjanskschild hält sich der Variantenreichtum, im Gegensatz zum Krimschild, in Grenzen. Das Verfahren unterscheidet sich dagegen nicht. Die Sammeldienststelle »Arbeitsstab Demjanskschild« zur Vorlage der Sammellisten für das Heer befindet sich beim II. Armee Korps in Stettin. Dort werden die Besitzzeugnisse ausgefertigt. (Foto: Helmut Weitze)

Bunker aus Holzstämmen und die Versorgung des Kessels aus der Luft sind zwei Elemente des Verteidigungskampfes von Demjansk, die sich auf dem Schild stilisiert wiederfinden. Der geprägte und ausgestanzte Schild, eine uniformfarbige Stoffunterlage und die Halteplatte, sind die Teile der Fertigungskonstruktion aller Kampfschilde der Wehrmacht. (Foto: Archiv Volker A. Behr)

Kubanschild

Der Herbst 1942 sieht die deutschen Truppen in Russland ein letztes Mal auf dem erfolgreichen Marsch nach vorn. Mit dem Angriff auf den Kaukasus sollen die Ölfelder von Baku in deutsche Hand gebracht werden. Zum Flankenschutz der vorpreschenden 17. Armee und der 1. Panzer Armee muss Stalingrad genommen werden. Das Ende der 6. Armee, die in Stalingrad kämpft, ist hinlänglich bekannt. Der russische Gegenangriff parallel zum Don zielt auf Rostow und wird damit zur tödlichen Gefahr für die beiden Armeen, die sich im Kaukasus festgebissen haben. Nachdem die Russen hinter dem Donez gestoppt werden können, müssen die Kaukasustruppen beschleunigt zurück. Während die 1. Panzer Armee auf den Don-Übergang bei Rostow zurückstrebt und ihrer Mobilität entsprechend den längeren Weg in Kauf nimmt, ziehen sich die Gebirgs- und Infanterie Divisionen der 17. Armee auf den Kuban-Brückenkopf zurück. Ab dem 1. Februar 1943 beginnt die »Zeitrechnung« für den Kubanschild. In dauernden Abwehrkämpfen behauptet sich der Brückenkopf bis Mitte September. Ohne größere Materialverluste erfolgt die Räumung des heiß umkämpften Gebietes vom 15.9. bis 9.10.1943. Der geordnete Rückzug über die Straße von Kertsch ist eine Meisterleistung der Führung und der Truppe. Noch vor der Räumung des Brückenkopfes stiftet Hitler am 20. September den Kubanschild. Insofern bemerkenswert, da alle vorherigen Kampfschilde der Wehrmacht erst lange nach Bereinigung der auszeichnungswürdigen Schlachtensituation verliehen werden.

Bezeichnung	Kubanschild
Auszeichnungstyp	Kampfabzeichen der Wehrmacht
Datum der Verordnung	20.09.1943
Stifter	Der Führer, Adolf Hitler
Veröffentlichung	RGBl. I vom 11.12.1943, Nr.101, S.661
Verleihungsbefugnis	Im Namen des Führers, Generalfeldmarschall Ewald von Kleist
Verleihungsvoraussetzung	Angehöriger der Wehrmacht oder der Wehrmacht unterstellter Kombattant
Leistung für die Verleihung	seit dem 1. Februar 1943 ehrenvolle Beteiligung an den Kämpfen am Kubanbrückenkopf zu Lande, in der Luft, und zu Wasser sowie jeweils: a) Teilnahme an einer Hauptschlacht, b) Verwundung, c) ununterbrochener Einsatz von mindestens 60 Tagen
Anzahl der Verleihungen	unbekannt
Künstlerischer Entwurf	unbekannt
Form und Tragweise	Metallschild auf uniformfarbiger Ersatzstoffunterlage, angenäht am linken Oberarm der Uniform
Besitznachweis	Besitzzeugnis
Verpackungsmittel	Cellophan- oder Papierbeutel
Katalognummern	Nimmergut(Bd.4): 5193-5194, DOE(8): 490, Niemann(3): 7.05.06

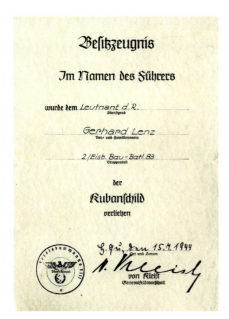

Seltene Variante eines Besitzzeugnisses für den Kubanschild von Einheiten mit wenigen Ausgezeichneten. In dem Fall müssen ausgefüllte Zeugnisse zur Ausfertigung dem Arbeitsstab vorgelegt werden, der dann nur noch stempelt. (Foto: Helmut Weitze)

Beim Kubanschild erhalten die Beliehenen ihre Besitzzeugnisse durch den Arbeitsstab Kubanschild beim III. Armee Korps in Berlin. Mit den Trägerdaten auf den eingereichten Sammellisten und den gebührenden Stempeln, bis zur Stempelunterschrift von GFM von Kleist, werden die Vordrucke zu Besitzzeugnissen. (Foto: Helmut Weitze)

Die häufigste Form des Schildes ist ein hohlgepresstes Blechschild mit vier umgebogenen Haltenasen, die durch die feldgraue Filzunterlage gesteckt, über Aussparungen in der Halteplatte gebogen werden. So ersparen sich die Hersteller das Anlöten von Haltesplinten auf der Rückseite des Schildes. (Foto: Archiv Volker A. Behr)

Panzervernichtungsabzeichen in Gold

Wortlaut des Einführungserlasses: »1. Der Führer hat die Einführung des Sonderabzeichens auf goldenem Band genehmigt. 2. Das Sonderabzeichen auf goldenem Band wird nach dem 5. anrechnungsfähigen Niederkämpfen von Panzerkampfwagen usw. an Stelle eines weiteren silbernen Sonderabzeichens verliehen.
Die vorher verliehenen 4 silbernen Abzeichen sind dann abzulegen und verbleiben dem betreffenden Soldaten zur Erinnerung. 3. Die Anforderung von Sonderabzeichen auf goldenem Band erfolgt erstmalig zum 1. Februar 1944 durch Heeresgruppen und selbständige A.O.Kd´s gesammelt für unterstellte Einheiten, von da ab an laufend zum 15. eines Monats zusammen mit den Abzeichen der alten Form auf silbernem Band. OKH.,18.12.43-7199/43-PA/P5/1.Staffel«

In den Zusätzen des OKH vom Dezember 1943 ist nur von einem Goldenen Band für die neue Stufe des Kampfabzeichens die Rede. So kann man durchaus den schwarzen Panzerkampfwagen vom silbernen Band vermuten. Die Unsicherheit spiegelt sich in den bekannten Varianten des Panzervernichtungsabzeichens in Gold. Von goldfarbenem Panzer auf goldenem Band über schwarzem Panzer auf goldenem Band oder goldenem Panzer auf silbernem Band sind die Möglichkeiten ausgespielt. Bei unserem Beispiel sind beide Elemente goldfarben. (Foto: Andreas Thies)

Bezeichnung	Sonderabzeichen für das Niederkämpfen von Panzerkampfwagen usw. durch Einzelkämpfer auf dem goldenen Band
Auszeichnungstyp	Kampfabzeichen
Datum der Verordnung	18.12.1943
Stifter	Erlass des OKH nach Führergenehmigung
Veröffentlichung	Allgemeine Heeresmitteilungen (HM) 1944 S.2
Verleihungsbefugnis	Heer: Bataillonskommandeur nach schriftlichem Vorschlag des Einheitsführers durch Bataillonsbefehl. Luftwaffe: Oberbefehlshaber der Fallschirmarmee, ab Oktober 1944 Bataillonskommandeur
Verleihungsvoraussetzung	vier Panzervernichtungsabzeichen in Silber
Leistung für die Verleihung	als Einzelkämpfer mit Nahkampfwaffen fünf feindlichen Panzerkampfwagen vernichten oder außer Gefecht setzen
Anzahl der Verleihungen	unbekannt
Künstlerischer Entwurf	unbekannt
Form und Tragweise	Band aus goldfarbenen Aluminiumgespinst mit aufgelegter Panzersilhouette aus goldfarbenem Buntmetall, angenäht am rechten Oberärmel der Uniform
Besitznachweis	Heer: bestätigter Bataillonsbefehl, Luftwaffe: Besitzzeugnis
Verpackungsmittel	Cellophan- oder Papierbeutel
Katalognummern	Nimmergut(Bd.4): 5281-5282, DOE(8): 538, Niemann(3): 7.05.13a

1944 · Rückzug an allen Fronten

Goldenes Ritterkreuz des Kriegsverdienstkreuzes

Am 20. April 1945 erhält Franz Hahne, Obermeister der Firma Rheinmetall, einen Brief vom Reichsminister für Rüstung und Kriegsproduktion. Albert Speer beglückwünscht Hahne zur Verleihung des KVK-Ritterkreuzes in Gold. »…Der Führer hat auf meinen Vorschlag Ihnen und unserem Herrn Saur als ersten Deutschen diese neue Auszeichnung verliehen. Ich beglückwünsche Sie zu dieser höchsten Kriegsauszeichnung vom ganzen Herzen. Ich danke Ihnen dabei bewegt für Ihre stete Sorge um unsere Rüstung und für Ihren unentwegten Einsatz, den Sie trotz Ihrer Krankheit immer wieder durchgeführt haben. Mit herzlichen Grüßen und Heil Hitler! Ihr Speer« Der Brief ist das einzige bis heute bekannte Dokument, das die Verleihung dieser Auszeichnung belegt.

Die mit blauem Lederimitat kaschierten Volletuis für die Ritterkreuze des Kriegsverdienstkreuzes sind für die silberne und goldene Ausführung identisch.
(Foto: Helmut Weitze)

Bezeichnung	Goldenes Ritterkreuz des Kriegsverdienstkreuzes
Auszeichnungstyp	Orden in zwei Abstufungen (mit oder ohne Schwerter)
Datum der Verordnung	08.07.1944
Stifter	Der Führer Adolf Hitler
Veröffentlichung	nicht veröffentlicht
Verleihungsbefugnis	Verleihungen hat sich der Führer persönlich vorbehalten. Vorschläge durch die Oberbefehlshaber der Wehrmachtteile und von Chef des Oberkommandos der Wehrmacht an Hitler unmittelbar. Vorschläge von den Chefs der Obersten Reichsbehörden über den Chef der Präsidialkanzlei zur Vorlage beim Führer.
Verleihungsvoraussetzung	Auszeichnung mit dem Ritterkreuz zum Kriegsverdienstkreuz der jeweiligen Abstufung
Leistung für die Verleihung	mit Schwertern: für vielfach überragende Verdienste von entscheidender Auswirkung für die Kriegsführung (vermutlich), ohne Schwerter: für vielfach überragende Verdienste von entscheidender Auswirkung für die Durchführung von Kriegsaufgaben (vermutlich).
Anzahl der Verleihungen	mit Schwertern: unbekannt, ohne Schwerter: 2
Künstlerischer Entwurf	unbekannt
Form und Tragweise	achtspitziges Metallkreuz aus 900er Silber vergoldet mit oder ohne Schwerter und mit rundem Mittelschild (größer als das KVK 2. Klasse) am rot-weiß-schwarzem Band (45 mm breit) als Halsorden
Besitznachweis	Heer: bestätigter Bataillonsbefehl, Luftwaffe: Besitzzeugnis
Verpackungsmittel	Volletui
Katalognummern	Nimmergut(Bd.4): 5083-5084, DOE(8): 440-441, Niemann(3): 7.04.01-7.04.02

Bei den hergestellten Mustern und verliehenen Exemplaren des KVK-Ritterkreuzes in Gold sind silberne Ritterkreuze des Kriegsverdienstkreuzes kurzerhand feuervergoldet und teilpoliert worden. Allein Deschler & Sohn in München hat die goldenen Kreuze gefertigt. (Foto: Archiv Volker A. Behr)

Blankurkunde für das goldene Ritterkreuz des Kriegsverdienstkreuzes. Ausfertigungen dieser Urkunde sind bis heute nicht bekannt.
(Foto: Andreas Thies)

Verwundetenabzeichen 1944

Wenige Tage nach dem Attentat des Grafen Staufenberg auf Hitler verfügt dieser die Verleihung eines »Verwundetenabzeichens in besonderer Ausführung« an die Verletzten der Bombenexplosion während der Lagebesprechung in der Gästebaracke der »Wolfschanze«. Als am 20. Juli 1944 gegen 12:50 Uhr Stauffenbergs Bombe in seiner Aktentasche unter dem Kartentisch explodiert, sind neben Hitler weitere 23 Personen anwesend. Das 24. Verwundetenabzeichen ist für Hitler selbst vorgesehen, der es aber nie getragen hat. Nach einem neuen optischen Entwurf soll das Abzeichen entsprechend der Durchführungsvorgaben des Verwundetenabzeichens von 1939 verliehen werden. Die geringen Verleihungszahlen machen die Stufen dieses Ehrenzeichens zu den ganz seltenen Auszeichnungen der Wehrmacht.

Auch die Stufe in Gold ist aus massivem Silber gefertigt. Lediglich das Vorderseitenrelief mit Attentatsdatum, Adolf Hitlers Signatur und die Rückseite sind vergoldet.
(Foto: Herman Historica)

Bezeichnung	Verwundetenabzeichen »20. Juli 1944«
Auszeichnungstyp	Ehrenzeichen in drei Stufen
Datum der Verordnung	28.08.1944
Stifter	Adolf Hitler durch Verfügung
Veröffentlichung	unveröffentlicht
Verleihungsabwicklung	im Auftrag Oberstleutnant Weiss, Adjutant des Chefs des Heerespersonalamtes
Verleihungsvoraussetzung	mitgezählte vorlaufende Verwundungen. Schwarz: ein- und zweimalige Verwundung oder Beschädigung, Silber: drei und viermalige…, Gold: mehr als viermalige…
Leistung für die Verleihung	Verwundung beim Stauffenberg-Attentat auf Adolf Hitler am 20. Juli 1944
Anzahl der Verleihungen	24, 5 in Gold, 2 in Silber, 17 in Schwarz
Künstlerischer Entwurf	Friedrich Happ, Hanau (zugeschrieben)
Form und Tragweise	Ansteckabzeichen aus Metall, allein die höchste Stufe auf der linken Brustseite
Besitznachweis	Besitzurkunde
Verpackungsmittel	Volletui
Katalognummern	Nimmergut(Bd.4): 5155-5159, DOE(8): 463-465, Niemann(3): 7.04.16

Da einige Abzeichen mit Urkunde von Hitler persönlich Anfang September 1944 überreicht werden ist das Volletui die passende Verpackung. (Foto: Archiv Volker. A. Behr)

Verwundetenabzeichen »20. Juli 1944« der Stufe in Schwarz aus 800er Silber massiv geprägt und geschwärzt, sowie mit der Herstellernummer der Präsidialkanzlei L/12 für C.E.Juncker Berlin, punziert. (Foto: Herman Historica)

Vorder- und Rückseite des Abzeichens in Silber aus massivem 800er Silber, mit mattierter Oberfläche und nur zweimal verliehen. (Foto: Herman Historica)

Die Vorderseiten der drei Stufen des Verwundetenabzeichens »20. Juli 1944« auf einen Blick. (Foto: Archiv Volker. A. Behr)

General der Infanterie Rudolf Schmundt gehört zu den Schwerverletzten des Attentats vom 20. Juli 1944. Der Heerespersonalchef erliegt seinen Verletzungen im Lazarett in Rastenburg am 1. Oktober 1944 (Foto: www.hermann-historica.com)

Ärmelband Metz

In Stoßrichtung der 3. US-Armee auf das Reichsgebiet über Lothringen und Nancy liegt Metz, eine Festungsstadt mit Tradition, wie wir aus dem deutsch-französischen Krieg wissen. Im Herbst 1944 will General Patton mit seinen Truppen dort durchmarschieren und erlebt eine böse Überraschung. Metz hat sich auf eine Belagerung eingerichtet. Unter der Führung von Oberst von Siegroth verteidigen sich die Kriegsschule Metz mit ihr unterstellten Truppenteilen und Einheiten der Waffen-SS gegen einen weit überlegenen Gegner. Vom 1. bis 18. September 1944 hält die alte Festung mit ihren Verteidigern den Amerikanern stand. Konsequenz: »...zur Erinnerung an die heldenhafte Verteidigung der Festung Metz gegen einen an Zahl und Material überlegenen Gegner durch die Kampfgruppe von Siegroth verfüge ich die Schaffung eines Ärmelbandes mit der Aufschrift „Metz 1944" als Kampf- und Traditionsabzeichen...« Das Beispiel einer verteidigten Festung haben die NS-Endzeitstrategen bitter nötig, denn oft haben die Verteidiger die Nase voll und hängen weiße Tücher an die Fenster. Ein Strohhalm nach der Devise: Wer durchhält wird belohnt. Hat nicht viel genutzt, bald heißt die Richtung: Wer sich ergibt, kommt an die Wand.

Das Ärmelband Metz ist nicht in größeren Mengen hergestellt worden. Zum einen erfordert die Materialknappheit 1944 die Verkürzung aller deutschen Ärmelbänder auf nur noch 22 bis 25 cm je nach Länge des Schriftzuges, sodass sie nur noch auf der Vorderseite des Unterärmels angenäht werden können, und zum anderen hielt sich die Verteidigerzahl von Metz in Grenzen. Mehr als 300 Ärmelbänder sind nicht verliehen worden.
(Foto: Hermann Historica)

Bezeichnung	Ärmelband Metz 1944
Auszeichnungstyp	Kampf- und Traditionsabzeichen
Datum der Verordnung	24.10.1944
Stifter	Verfügung des Führers
Veröffentlichung	Allgemeine Heeresmitteilungen vom 22.01.1945, 2.Ausgabe, Nr.23, S.9
Verleihungsbefugnis	im Namen des Führers, Führer der Kampfgruppe, Generalmajor Joachim von Siegroth und Schlawikau
Verleihungsvoraussetzung	Angehöriger der Wehrmacht und der Waffen-SS
Leistung für die Verleihung	als Kampfabzeichen jeweils: a) Ehrenvoller, mindestens 7tägiger Einsatz im Rahmen der Kampfgruppe von Siegroth vom 27.8.-25.9.1944, b) Verwundung – als Traditionsabzeichen: an alle Offiziere, Beamte, Unteroffiziere und Mannschaften der Schule VI für Fahnenjunker der Infanterie Metz (Lehr- und Stammpersonal sowie Schüler), während ihrer Dienstzeit an der Schule
Anzahl der Verleihungen	unbekannt (Verleihungen Februar 1945 um die 300)
Künstlerischer Entwurf	unbekannt
Form und Tragweise	silberfarben besticktes, schwarzes Stoffband, linker Unterärmel der Uniform (auch Mantel)
Besitznachweis	Besitzzeugnis
Katalognummern	Nimmergut(Bd.4): 5209, DOE(8): 497, Niemann(3): 7.05.11

Warschauschild

Alle Neustiftungen von Orden und Ehrenzeichen in den letzten Kriegsmonaten, also 1945, sind mit Skepsis zu betrachten, was die Herstellung der Auszeichnungen und durchgeführte Verleihungen betrifft. Papierene Stiftungserlasse und umfängliche Durchführungsbestimmungen sind eine Sache, und bekanntlich ist Papier geduldig. Daraus resultierende Umsetzung in Form metallener Abzeichen und würdige Überreichung bei Verleihung dagegen eine ganz andere. Die Produktionsmöglichkeiten der Ordensfabriken und auch die der handwerklichen Hersteller, wie Juweliere, liegen 1945 in vielen Fällen in Schutt und Asche. Da werden keine neuen Orden, Kriegsabzeichen, Kampfschilde und Ehrenzeichen mehr hergestellt. Die wenigsten können und wollen sich angesichts der Kriegssituation mit der künstlerischen Gestaltung von Auszeichnungen auseinandersetzen. Somit hat es nach dem Wollen kein Können gegeben. Der Warschauschild ist dafür das prägnanteste Beispiel: Der Schild ist nicht verliehen worden, weil es aufgrund der Zerstörung der Prägewerkzeuge keine Fertigung mehr gibt.

Vorlagenmuster eines Warschauschildes nach dem ersten Entwurf von Prof. Benno von Arent, den er am 9. Dezember 1944 zu Papier bringt. Der Reichsbühnenbildner ist also schon vor der offiziellen Stiftung in der Sache involviert. (Foto Andreas Thies)

Bezeichnung	Warschauschild
Auszeichnungstyp	Kampfabzeichen der Wehrmacht
Datum der Verordnung	10.12.1944
Stifter	Der Führer, Adolf Hitler
Veröffentlichung	RGBl. I vom 09.01.1945, Nr.1, S.1
Verleihungsbefugnis	Im Namen des Führers, SS-Obergruppenführer und General der Polizei Erich von dem Bach
Verleihungsvoraussetzung	Angehöriger der Wehrmacht oder Nichtwehrmachtangehöriger
Leistung für die Verleihung	vom 1. August 1944 bis 2. Oktober 1944 an den Kämpfen innerhalb des Stadtgebietes von Warschau (begrenzt durch die Linien Weichsel-Czerniakow-Mokotow-Wola-Zoliborz) ehrenvoll beteiligt, sowie jeweils: a) 7 Tage Kampfeinsatz, b) Erwerb einer Tapferkeitsauszeichnung bei den Kämpfen, c) Verwundung, d) ununterbrochener Aufenthalt von 28 Tagen im Kampfgebiet
Verleihungen	nicht mehr erfolgt
Künstlerischer Entwurf	Reichsbühnenbildner Prof. Benno von Arent
Form und Tragweise	Metallschild auf uniformfarbiger Ersatzstoffunterlage, angenäht am linken Oberarm der Uniform
Besitznachweis	Besitzzeugnis (nicht mehr rechtskräftig ausgeführt)
Katalognummern	Nimmergut(Bd.4): 5195, DOE(8): 491, Niemann(3): 7.05.07

Goldenes Eichenlaub mit Schwertern und Brillanten

Was können wir uns unter einem »höchstbewährten Einzelkämpfer« in der militärischen Lesart der letzten Kriegsmonate vorstellen? Am 1. Januar 1945 zeichnet Adolf Hitler Oberstleutnant Hans-Ulrich Rudel, mit gleichzeitiger Beförderung zum Oberst, mit dem Goldenen Eichenlaub mit Schwertern und Brillanten als der höchsten Tapferkeitsauszeichnung der Wehrmacht aus. In 2530 Feindflügen hat der Kommodore des Schlachtgeschwaders 2 mit seinem berühmten Kanonenstuka 519 sowjetische Panzer abgeschossen – den Sollbestand von fünf Panzerkorps. Weiterhin versenkt er mit Stukabomben das sowjetische Schlachtschiff »Marat« sowie einen Kreuzer, einen Zerstörer und 70 Landungsboote. 150 Flak- und Pakstellungen setzt er bei seinen Feindflügen außer Gefecht und ist neun Mal im Luftkampf siegreich. Doch er wird auch dreißig Mal durch Flak und Infanteriewaffen abgeschossen und schlägt sich immer wieder zur eigenen Frontlinie durch.

Offizielles Foto für die Öffentlichkeit. Oberst Hans-Ulrich Rudel im Januar 1945, nach der Beförderung zum Oberst und nach der Auszeichnung mit dem Goldenen Eichenlaub mit Schwertern und Brillanten.
(Foto: Archiv Volker A. Behr)

Bezeichnung	Ritterkreuz des Eisernen Kreuzes mit dem Goldenen Eichenlaub mit Schwertern und Brillanten
Auszeichnungstyp	Orden
Datum der Verordnung	29.12.1944
Stifter	Der Führer, Adolf Hitler
Veröffentlichung	RGBl. I vom 22.01.1945, Nr.3, S.11
Verleihungsbefugnis	Adolf Hitler nach Vorschlag der Oberbefehlshaber der Wehrmachtteile
Verleihungsvoraussetzung	ausgezeichnet mit allen Stufen des Ritterkreuzes
Leistung für die Verleihung	höchstbewährter Einzelkämpfer
Anzahl der Verleihungen	1 (Luftwaffe) nur 12 Verleihungen sind nach dem Erlass vorgesehen
Künstlerischer Entwurf	unbekannt
Form und Tragweise	Halsorden, auf der Bandspange des Ritterkreuzes
Besitznachweis	vermutlich Urkunde in Urkundenmappe
Verpackungsmittel	Volletui
Katalognummern	Nimmergut(Bd.4):4999, DOE(8): 391, Niemann(3): 7.03.04

Letzte entsprechende Passage der Änderungsverordnungen zur Erneuerung des Eisernen Kreuzes vom Januar 1945 »... bei dem Goldenen Eichenlaub mit Schwertern und Brillanten sind die drei Blätter und die Schwerter in Gold ausgeführt und wie bei dem silbernen Eichenlaub mit Brillanten besetzt...« Hier eines der vermutlich sechs gefertigten Exemplare in 750er Gold mit gefassten Brillanten. Einziger Hersteller die Juwelierfirma von Otto Klein in Hanau.
(Foto: Archiv Volker A. Behr)

Zweitstück des Goldenen Eichenlaubs mit Similisteinen. In ähnlicher Ausführung wie dies beim Eichenlaub mit Schwertern und Brillante gehandhabt wird.
(Foto: Adrian Forman)

Im Gegensatz zu den üblichen schwarzfarbenen Volletuis der Eichenlaubstufen zum Ritterkreuz ist das Etui für das Goldene Eichenlaub mit brauner, genarbter Papierkaschierung bezogen. (Foto: Archiv Volker A. Behr)

1945 · Die Kapitulation

Tieffliegervernichtungsabzeichen

Für die Formulierungen der Durchführungsbestimmungen ist die Nähe zum »Sonderabzeichen für die Niederkämpfung von Panzerkampfwagen durch Einzelkämpfer« nicht von der Hand zu weisen. Hitlers Einführungsverordnung ist deutlich: »Der Abschuss feindlicher Tiefflieger mit allen zur Verfügung stehenden Mitteln ist von besonderer Wichtigkeit. Ich ordne daher die Einführung eines Tieffliegervernichtungsabzeichens für den Abschuss von Flugzeugen durch Handwaffen oder kleinkalibriger Maschinenwaffen an…« In den Durchführungsbestimmungen wird dazu definiert: »…Das Sonderabzeichen wird an Soldaten verliehen, die in diesem Kriege mit Handwaffen (Gewehr, Maschinenpistole oder MG Kal. 2 cm und kleiner) einen feindlichen Tiefflieger abgeschossen haben. Für jedes abgeschossene Flugzeug wird an den entscheidend beteiligten Einzelschützen ein Sonderabzeichen verliehen…«. In den weiteren Ausführungen wird bestimmt, dass mit dem fünften Abschuss das Sonderabzeichen auf goldenem Band angenäht werden darf. Bis heute gibt es kein Foto eines Trägers des Abzeichens, und alle aufgetauchten, vermeintlich zeitgenössischen Tieffliegerabzeichen, müssen um ihre Authentizität auf gutachterlichem Papier kämpfen. Bis heute hat jedes Abzeichen diese Auseinandersetzung verloren.

Eine etwas dürftige Strichzeichnung aus den Durchführungsbestimmungen des OKW ist die einzige offizielle zeitgenössische Quelle, die das Tieffliegervernichtungsabzeichen zeigt. Ob eine Herstellung und Verleihung des Abzeichens 1945 überhaupt noch erfolgt ist, bleibt bis heute ungeklärt. (Foto: Archiv Volker A. Behr)

Bezeichnung	Tieffliegervernichtungsabzeichen
Auszeichnungstyp	Kampfabzeichen
Datum der Verordnung	12.01.1945
Stifter	Der Führer Adolf Hitler
Veröffentlichung	RGBl. I vom 14.02.1945, Nr.5, S.23
Verleihungsbefugnis	Truppenführer mindestens im Rang eines selbständigen Brigade-Kommandeurs auf schriftlichen Vorschlag des Einheitsführers durch Tagebefehl verliehen
Verleihungsvoraussetzung	entscheidend beteiligter Einzelschütze
Leistung für die Verleihung	Abschuss eines feindlichen Tiefffliegers mit Handwaffen
Anzahl der Verleihungen	unbekannt
Künstlerischer Entwurf	unbekannt
Form und Tragweise	Band aus Aluminiumgespinst (90x32 mm) mit aufgelegter stürzender Flugzeugsilhouette aus schwarzem Blech, angenäht am rechten Oberärmel der Uniform
Besitznachweis	beglaubigte Abschrift des Tagesbefehls, Soldbucheintragung
Verpackungsmittel	Papierbeutel
Katalognummern	Nimmergut(Bd.4): 5283-5284, DOE(8): 540-541, Niemann(3): 7.05.14

Ärmelband Kurland

Im Sommer 1944 beginnt die russische Großoffensive, die einen Keil zwischen die deutschen Heeresgruppen Nord und Mitte treibt. In der Folge wird die deutsche Nordfront abgetrennt und bleibt bis Kriegsende eingeschlossen. In sechs Schlachten, die erste beginnt am 27. Oktober 1944, behauptet die nunmehrige »Heeresgruppe Kurland« mit über 250 000 Mann ihre Inselstellung und bindet starke russische Kräfte. Mit der Kapitulation am 8. Mai 1945 gehen 42 Generale, 8 038 Offiziere und etwa 180 000 Unteroffiziere und Mannschaften sowie 14 000 lettische Freiwillige in die russische Kriegsgefangenschaft. Nach dem Beispiel des Ärmelbandes »Afrika« wird von der Heeresgruppe beim Führer ein eigenes Kampfabzeichen verlangt, der es im März 1945 genehmigt. Das ist das letzte Kampfabzeichen der Wehrmacht im Zweiten Weltkrieg.

205 mm lang und 37 mm breit. Im April 1945 bekommen Angehörige der Kampftruppen der 132. Infanterie Division das gewebte Ärmelband Kurland in die Hand gedrückt (Foto: G. H .Bidermann)

Am Tag der deutschen Kapitulation wird dieses Besitzzeugnis des Ärmelbandes »Kurland« vom Seekommandanten Lettland in Libau ausgestellt. Neben maschinenschriftlichen Besitzzeugnissen die einzige bekannt vorgedruckte Urkunde. (Foto: Andreas Thies)

Bezeichnung	Ärmelband „Kurland"
Auszeichnungstyp	Kampfabzeichen
Datum der Verordnung	vermutlich 12.03.1945
Stifter	Befehl des Führers, Einführung durch die Wehrmachtteile
Veröffentlichung	nicht erfolgt, vorgesehen jeweils in den Verordnungsblättern der Wehrmachtteile
Verleihungsbefugnis	im Namen des Führers der Oberbefehlshaber der Heeresgruppe Kurland, delegiert ab Bataillonskommandeur aufwärts
Verleihungsvoraussetzung	Angehöriger der Wehrmacht, der Waffen-SS oder Polizei, oder der Organisation Todt
Leistung für die Verleihung	jeweils: a) Teilnahme an mindestens drei Kurlandschlachten, b) Verwundung bei einem Kampfeinsatz. c) ehrenvoller Einsatz von mindestens 3 Monaten im Bereich der Heeresgruppe Kurland seit September 1944
Anzahl der Verleihungen	unbekannt, (8 - 10 000 geschätzt)
Künstlerischer Entwurf	unbekannt, (Frontentwurf)
Form und Trageweise	in Jacquard Technik gewebtes und gesäumtes Band aus hellgrauer und schwarzer Baumwolle, linker Unterärmel der Uniform
Besitznachweis	Besitzzeugnis
Katalognummern	Nimmergut(Bd.4): 5210-5213, DOE(8): 498-500, Niemann(3): 7.05.12

Zum Weiterlesen aus dem Motorbuch Verlag

132 Seiten, 1855 Abbildungen
Format 210 x 280 mm, gebunden
ISBN 978-3-613-03601-7
€ 19,95/CHF 27,90/€(A) 20,60

192 Seiten, 1965 Abbildungen
Format 215 x 287 mm, gebunden
ISBN 978-3-613-03649-9
€ 24,90/CHF 34,90/€(A) 25,60

192 Seiten, 1258 Abbildungen
Format 230 x 265 mm, gebunden
ISBN 978-3-613-03606-2
€ 24,90/CHF 34,90/€(A) 25,60

128 Seiten,
201 Abbildungen
Format
140 x 205 mm,
broschiert
**ISBN
978-3-613-03598-0**
€ 12,–
CHF 16,90
€(A) 12,40

Stand April 2014
Änderungen in Preis und Lieferfähigkeit vorbehalten.

www.motorbuch.de
Service-Hotline: 0711/98 80 99 84

Motorbuch Verlag